Vorwort

Liebe Leserin, lieber Leser!

Neulich im Geißbockheim – HISTORY! Dieses Buch halten Sie also jetzt in den Händen. An dieser Stelle schon einmal vielen Dank für den Kauf.

Aber warum? Hieß es nicht, dass es keine weiteren „Neulich im Geißbockheim" Geschichten mehr geben wird? Hatte der Autor doch auf seinem Blog (http://ralffriedrichs.wordpress.com) folgendes geschrieben:

„Dat wor et, Mischel" ... mit diesen Worten hat angeblich Präsident Wolfgang Overath die Ära Michael Meiers beim 1.FC Köln beendet. Ungewollt hat er damit auch zu meiner Entscheidung beigetragen, **die 1.FC Köln Satire-Reihe „Neulich im Geißbockheim" abzuschließen.** Nun ist es einfach an der Zeit, dieses Kapitel endgültig zu beenden. Ich tue das mit einem gewissen Stolz und auch mit der Zufriedenheit eines Autors, der mit diesen Geschichten nachweisbar viele Menschen zum Lachen gebracht hat. Der Kreis hat sich nun geschlossen, denn Michael Meiers Beginn in Köln war gleichzeitig auch der Startschuss für die wohl erste Satire-Reihe über einen Bundesligaverein ..."

Ja, das stand dort ... und es war es auch so gemeint! Mit den zweiten Buch waren alle Kölsch-Kränze, dankenswerterweise durch den Kollegen Engels, geholt und alle Miiitings abgesessen. Weitere Geschichten zu schreiben hätte keinen großen Sinn mehr gemacht. Jedenfalls nicht mehr in der altbekannten Form.

Aber dann passierte die Sache mit dem Faxgerät.

In der Winterpause der Saison 2010/2011 wollte der FC den Hamburger Bankdrücker Eric Maxim Choupo-Moting als so genannten Backup für Milivoje Novakovic verpflichten. Die Sache aber ging schief, da alle Daten noch zur DFL gefaxt werden mussten. Dies verhinderte jedoch ein defektes Faxgerät Choupo-Motings. Der FC erhielt die Daten zu spät und konnte diese dann nur verspätet zur DFL faxen. Es waren nur wenige Minuten, die fehlten, jedoch war die DFL gnadenlos. Der Wechsel platzte.

... und der 1.FC Köln, obwohl das Fax des Clubs in Ordnung war, stand einmal mehr als Chaos-Club im Fokus der Öffentlichkeit. Sogar bis in die TAGESTHEMEN hatte es der 1.FC Köln mit dieser Sache gebracht. Prompt brachten alle Zeitungen die bekannten Storys: Zypern-Pleite, das Bläck Fööss Video beim DFB (anstatt entlastendes Material bzgl. des Nicht-Fouls des Rotsünders Polster), die verschwundenen Häßler-Millionen, usw ...

In diesem Moment hatten mein Verleger, Frank Steffan, und ich wohl den gleichen Gedanken. Warum nicht einmal eine „Neulich im Geißbockheim – HISTORY" Variante erzählen? Die altbekannten Geschichten einmal neu und mit einer neuen „Wahrheit" erzählen?

Bereits im nächsten Telefonat stand die Sache und wir wurden uns einig. Schnell entwickelte ich Spaß an dieser neuen Erzählform. Auch Wolfgang Overath und seine Mitstreiter sollten diesmal „verschont" werden, hatten sie doch bereits in den beiden ersten Bänden genügend über sich erdulden müssen. Aber ... so ganz ungeschoren kommen auch sie nicht davon. Auch Christoph Daum, der bisher am Rande und als Nebenfigur auftauchte, erhält im neuen, vorliegenden Buch eine weitaus größere Rolle. Sind es doch angeblich seine Tagebücher, die gefunden wurden und die nun veröffentlicht werden. An der FC-Historie ausgerichtet werden nun viele Geschichten „neu" erzählt.

Dabei ist zum wiederholten Male folgendes besonders herauszustellen:

Alle Geschichten in diesem dritten Satire-Buch über den 1.FC Köln sind wie in Teil 1 und 2 fiktiv und ausnahmslos frei erfunden und dienen somit nur der Erheiterung der Leserschaft. Ich stelle weiter fest, dass ausnahmslos alle Storys lediglich der Phantasie eines FC-Fans entsprungen sind, welcher spezielle Vorgänge seines Lieblingsvereins satirisch darzustellen versucht. Dabei werden die Charaktere der realen Personen, wie in einer Satire üblich, betont überspitzt dargestellt.

Also, lieber Leser, bitte nehmen Sie diese Geschichten nicht so ernst und behandeln Sie diese so, wie sie von mir gemeint sind: als eine Satire auf den 1. FC Köln, die Protagonisten und vor allem: auf unsere ureigene „Kölsche (Rheinische) Art". Die Personen stehen dabei auch eher als

Ralf Friedrichs

NEULICH IM GEISSBOCKHEIM

HISTORY

Die ganze FC-Geschichte muss neu geschrieben werden

EXZESS

25. September 2022 Deutschland 2,70 DM

FC-Sensation GEHEIMES FC-Archiv entdeckt

Bei Bauarbeiten zufällig freigelegt +++ 10 Meter unter dem Geißbockheim +++ Aktenberge +++ Alte Tonbandaufzeichnungen +++ Tausende Protokolle, Fotos, Filmaufnahmen [...] riöser Geheimgang +++ [...] er legte das Archiv an? +++

Exz. Köln. Das ist der Hammer des [Jahrhun]derts! Da staunten die Bauarbeiter [...] firma „Daum & Meier" nicht schlecht, als [...] eigentlich neue Meganetkabel legen [...] Hinter der Wand eines Abstellraums im ehrwürdigen Geißbockheim stieß man auf einen Hohlraum. Von dort gelangte man an eine Stahltür. Der eiligst herbeigerufene FC-Präsident Lukas [...]

[...] beschloss spontan: „Aufbrechen! Vielleicht [...] and da drin und muss befreit werden!" [...] getan. Keiner war drin, aber unzählige [...] in säuberlich geordnet, in alten Regalen abgestellt. „Exzess" hat sofort die Akten un[d] das gesamte Inventar dem 1. FC Köln abgekauf[t] Nun beginnt die Auswertung. Eins ist jetzt scho[n] ganz klar: Die Akten sind hoch brisant! Allwar ganz anders! Sensationen erwarten [...]

Edition Steffan
Verlag
Lindenthalgürtel 10
D-50935 Köln
Tel.: 02 21 / 73 91 67 3
Fax: 02 21 / 72 31 52
e-mail: info@edition-steffan.de
www.edition-steffan.de

Impressum
© 2011 by

Edition Steffan

Verlag
Lindenthalgürtel 10
D-50935 Köln
Tel.: 02 21 / 73 916 73
Fax: 02 21 / 72 31 52
e-mail: info@edition-steffan.de
www.edition-steffan.de

Neulich im Geißbockheim History

Autor:
Ralf Friedrichs

Cover-Text:
Frank Steffan

Cover-Grafik:
Re-bird/Köln

Grafik:
Michael Croon
Hanerau-Hademarschen

ISBN: 978-3-923838-67-7

Aktuelle Informationen:
www.edition-steffan.de

Platzhalter für den „typischen Rheinländer". Es handelt sich also lediglich um meine eigene Version der „Realität", ich habe keinerlei Insiderwissen.

Ein weiterer wichtiger Hinweis noch für alle Liebhaber und Verteidiger der „kölschen Sprache": Die Personen sprechen auch in diesem Buch eher einen rheinischen Sprach-Mix - Umgangssprache gemixt mit kölschem Einschlag sowie eher schludrigem Hochdeutsch.

Und nun wünsche ich Ihnen viel Spaß bei der Lektüre –

Willkommen in der Historie des 1.FC Köln!

Ralf Friedrichs, im November 2011

Alles, was jetzt kommt, ist reine Fiktion!

Liebe Leserin, lieber Leser!

Wir vom Kölner EXZESS, sehen uns in der Verantwortung, die Geschichte des 1.FC Köln aufzuarbeiten. Seit jenem schicksalhaften Tag, als die Akten, Aufzeichnungen und Abhörprotokolle in einem verborgenen Keller des Geißbockheims gefunden wurden, haben wir uns der Aufgabe verpflichtet, alles Wissenswerte aus diesem Archiv auszuwerten und Ihnen zur Verfügung zu stellen.

Die einzelnen Artikel haben Sie in den letzten Wochen und Monaten unserem EXZESS bereits lesen können. Auf vielfachen Wunsch erhalten Sie hier die wichtigsten Artikel als Gesamtdruck.

Der Verein selbst wertet die Geschichten zur Zeit auch aus, denn eines steht fest:

Die Geschichte des 1.FC Köln muss neu geschrieben werden!

Köln, im Oktober 2022

Magnus Brücken, Hans Verner, Andreas Howbricks, Thorsten Spritmann
EXZESS-Redaktion

INHALTSVERZEICHNIS

Sensation! Unfassbar: Den FC hätte es niemals geben dürfen!

Von Magnus Brücken und Andreas Howbricks

In den ersten Nachkriegsjahren waren die Kölner Fußballvereine bestenfalls zweitklassig. Auf der rechten Rheinseite verbuchte lediglich Preußen Dellbrück 1950 als Vizemeister der Oberliga einen Erfolg. Viele Vereine versuchten sich durch Fusionen zu stärken. Der Mühlheimer SV 06 fusionierte 1948 mit dem VfR rrh. Köln zu Rapid Köln. Dieser wurde 1957 mit Preußen Dellbrück zu Viktoria Köln. Der Sparkassenverein SV Köln und der Bayenthaler SV vereinigten sich ebenfalls 1948 zu Fortuna Köln. Aus Rhenania Köln und Phönix Köln wurde der SC West Köln. Letzten Endes schlossen sich auch der der KBC und Sülz 07 zu einem Verein zusammen, **zum 1.FC Köln**.

Es war der 13. Februar 1948, als sich im Hörsaal IV 156 Mitglieder von Sülz 07 für die Fusion mit dem KBC entschieden. Allerdings stimmten auch 121 Mitglieder gegen die Vereinigung. Sportlich waren die Sülzer besser dran und nicht wenige befanden den KBC eher als „Klotz am Bein". Dies scheint auch das Abstimmungsverhältnis des KBC zu belegen, denn dort war die Fusionsbegeisterung unweit höher. Am gleichen Tag stimmten die KBC Mitglieder in der Klettenberger Stadtküche Bertram mit 156 zu 10 ebenfalls für den Zusammenschluss der beiden Vereine zum 1.FC Köln. Einen Tag später dann wurde die Fusion in der Gaststätte Roggendorf, welche nach dem ehemaligen KBC-Torwart Roggendorf benannt war, beschlossen.

So die „offizielle" Version!

Aber liebe Leser, es war alles ganz anders! Lesen Sie nun die sensationellen Entdeckungen der EXZESS-Geißbock-SOKO, denen Belege vorliegen, die eindeutig beweisen, dass es ... den 1.FC Köln eigentlich gar nicht geben dürfte!!!

Bevor wir ihnen die Beweise präsentieren, müssen wir Ihnen zunächst einige Aspekte veranschaulichen, die insbesondere die damalige Zeit betreffen.

Im Februar 1948 litt Deutschland und somit auch die Großstadt Köln noch unter den Folgen des Krieges. Die Landschaften waren immer noch zerbombt und die Briten waren noch die „Besatzer".

Uns liegt ein Brief vor, den lediglich ein Herr namens „Kalle" geschrieben hat, da der Umschlag nicht mehr auffindbar war, wissen wir nur, dass dieser an einen gewissen „Franz" gerichtet war. Es ist zu vermuten, das Karl Büttgen, Chef der Sülzer, diesen Brief an Franz Kremer geschrieben hat, dem Präsidenten des KBC und vom Fusionstag an, auch des 1.FC Köln, warum sollte der Brief auch sonst im geheimen Archiv des 1. FC Köln gelegen haben?

Lieber Sportskamerad Franz,

wie du weißt, lieber Franz, sind unsere beiden Vereine nun miteinander verbunden und zu einem Club namens 1.FC Köln zusammen verschmolzen. Ein Umstand, auf den wir beide mit großem Fleiß und ehrenwerter Überzeugungskraft hingearbeitet haben.

Du weißt auch, lieber Franz, das die Sportskameraden von Sülz 07 sich ein wenig schwerer mir der Wahl getan haben, 121 Mitglieder stimmten gegen die Vereinigung unserer beiden stolzen Vereine. Ebenso stolz sind die Mitglieder auf die lange Tradition von Sülz 07 gewesen, so das sich doch mehrere Menschen mit der neuen Situation nicht anfreunden können.

Man muss dies verzeihen können, schließlich ... und das weißt du, lieber Franz, sind wir es, die EUCH damit mehr geholfen haben, als ihr uns.
Dies alles ist aber nicht der Grund meines Schreibens.
Ich möchte dir nun von einem Vorfall berichten, den wir mit großer Strenge und grimmiger Vorsorge geheim halten müssen. Niemals darf irgendjemand das erfahren, was ich Dir, lieber Franz, nun anvertrauen möchte.

Wie Dir bekannt ist, hat unsere Abstimmung im Hörsaal 4 der Universität zu Köln stattgefunden. Wir haben nach stundenlangen und durchaus anstrengenden Debatten rund um das „Für und Wider" der Fusion endlich eine Abstimmung durchgeführt. Zu diesem Zweck wurde eine große Vase durch die Reihen gereicht, dort konnten die anwesenden Sportskameraden einen Zettel mit einem „JA" oder einem „NEIN" einwerfen. Nachdem die Abstimmung beendet war, haben wir unseren Kassenwart, Werner Schäfer, beauftragt, sich der Zählung anzunehmen. In der Zwischenzeit konnten die Mitglieder in der Gaststätte „Fleutemännscher" ihren Durst stillen. Geschlossen zog die Delegation in die Kneipe, um das Urteil abzuwarten. Wir waren übereingekommen, das uns Werner Schäfer das Ergebnis in der Gaststätte übermitteln sollte.

Wir saßen also in der Kneipe und frönten der Stärkung durch Kölsch und Schabau, als auf einmal Emma Kruse, die strebsame Putzfrau der Universität, im Türrahmen erschien und uns lautstark und derb unmissverständlich darauf aufmerksam machte, das wir doch gefälligst unseren Dreck demnächst selbst zu beseitigen haben. Zu unserer großen Überraschung teilte Emma Kruse uns weiterhin mit, das sie die vielen Spick- und Schmierzettel in der Vase nun in den Ofen geworfen habe, da die Briketts doch sehr knapp seien und man den Müll doch sinnvoll nutzen könne. Du kannst die vorstellen, lieber Franz, wie entsetzt wir waren.

Wir gingen mit der kompletten Bagage wieder zurück in unseren Saal 4 und stellten fest, das Emma Kruse die Wahrheit gesagt hatte. Den Sportskameraden Schäfer habe ich leider nicht auffinden können. Es lag jedoch ein Zettel auf dem Schreibtisch, den Emma Kruse zum Glück nicht verbrannt hatte, auf dem Zettel hatte Werner Schäfer geschrieben, das er nun dringend nach Hause müsse, da seine Kunigunde ihm ansonsten mit dem Nudelholz einen neuen Scheitel ziehen würde. Wir konnten uns ein Schmunzeln nicht verkneifen, trägt unser Werner doch den Spitznamen „Die Plaat" vollkommen zu recht! Dummerweise, so schrieb uns die Plaat, hatte er den Zettel mit dem Endergebnis oben auf die Vase geleg, also auf die ausgewerteten Stimmzettel. Der Inhalt war jedoch, dank Emma Kruses Reinlichkeitsfimmel, verbrannt und nutzte uns nichts mehr. Wir mussten neu wählen.

Dies gestaltete sich als schwierig, denn einige unserer Mitglieder hatten beim „Fleutemännscher" bereits eine größere Menge Kölsch und Schabau zu sich genommen. Jedoch konnten wir, nach einigem Hin und Her und einigen strengen Ordnungsrufen, die Wahl erneut vornehmen.

Diesmal wurde es so geregelt, dass drei Mann im Nebenzimmer, die Zettel auswerten sollten. Die drei waren diejenigen, die dem Alkohol noch nicht in dem Maße zugesprochen hatten.

Die Wahl wurde durchgezogen, die drei Mitglieder zogen sich zur Zählung zurück. Es dauerte nicht lange, da polterten auf einmal jede Menge britische Soldaten in unsere Versammlung. Ihr Anführer, bitte frage mich nicht nach seinem militärischen Grad, war sehr ungehalten und sprach andauernd von einem „Communist Meeting" ... mein Freund Arno Kallenbach, der in englischer Kriegsgefangenschaft gewesen war, konnte uns das übersetzen. Man vermutete eine „kommunistische Versammlung". Im Gespräch mit dem Soldaten stellte sich heraus, das die Gründung des 1. FC Köln versehentlich mit der so genannten First Free Communist-Party Cologne verwechselt wurde. Also der 1. Freien Kommunistischen Partei Kölns. Alles gutes Zureden und Erklären half nichts. Die britischen Soldaten konfiszierten alle Versammlungsunterlagen und sämtliches

Vereinsmaterial und natürlich auch die Vase mit den Stimmzetteln. Wieder standen wir ohne Ergebnis da.

Da wir außerdem dazu aufgefordert wurden, die Versammlung aufzulösen und uns in alle Winde zu zerstreuen, wurde es nun langsam kritisch mit unserer Abstimmung. Auf dem Weg nach draußen, ließ ich jedoch per stiller Post von einem zum anderen durchsagen, das wir uns in 30 Minuten wieder alle beim „Fleutemännscher" treffen sollten.

Ich ging sofort in die Kneipe, etwa 30 weitere Sportskameraden folgten meinem Beispiel. Vor Ort tranken wir in der Wartezeit einige Gläser Kölsch. Jedoch erschienen nur wenige Mitglieder zum vereinbarten Zeitpunkt. Wie sich später herausstellte, waren einige von den vorherigen Besuchen im „Fleutemännscher" bereits etwas derangiert, andere wiederum erhielten von ihren zänkischen Ehegattinnen keinen weiteren Ausgang. Außerdem lungerten die Thommy-Soldaten im weiteren Umkreis um die Gaststätte herum, so dass sich viele Sportskameraden nicht zu uns hinein trauten.

Wir restlichen Mitglieder hatten nun eine Entscheidung zu treffen. Mit genau 30 Mann, einige bereits im fortgeschrittenen Stadium des Genusses von Alkoholika, mussten wir nun ein weiteres Mal abstimmen. Es wurde entschieden, dass jeder 9 Stimmen hat ... und man hatte auch für Freunde und Bekannte, die nicht mehr zugegen waren, mitzustimmen. Agnes, die Wirtin, versorgte uns mit älteren, gebrauchten Bierdeckeln. Jeder Kamerad erhielt also 9 Bierdeckel, wo er jeweils mit einem „JA" oder „NEIN" zu antworten hatte.

Die Durchführung war nicht ganz einfach, denn so mancher Kollege begann Strichmännchen auf die Bierdeckel zu malen, andere wiederum warfen die Bierdeckel schwungvoll durch die Kneipe, leider verhielten sich also einige wenige der Mitglieder etwas würdelos.

Von 20 Kameraden erhielt ich ordnungsgemäß 9 Bierdeckel mit ihrer jeweiligen Stimme. Bei den restlichen Kollegen musste ich wohl oder übel die Wahl übernehmen und die Bierdeckel ausfüllen. Irgendwie müssen dabei 7 Bierdeckel zu viel ausgefüllt worden sein, denn bei 30 Mann hätte es ja eigentlich nur 270 Stimmen geben dürfen und nicht 277. Ich vermute, dass einige weitere Gäste des „Fleutemännscher" beteiligt hatten. Jedenfalls wurde mir das vom Wirt, dem Gladbach-Jupp, bestätigt. Er hatte tatsächlich auch abgestimmt, dabei ist er Anhänger des Clubs Borussia Mönchengladbach.

Du wirst sicher fragen, wie viele der 9o Stimmen, also 9x9 plus meinen eigenen 9 Stimmen, … ich nun mit „JA" und wie viel ich mit „NEIN" versehen habe.

Lieber Franz, erspare mir eine Antwort. Aber da du ja weißt, wie sehr ich die Fusion befürwortet und dafür gekämpft habe, dann kannst du dir sicher erklären, welches Votum bei mir deutlich im Vordergrund stand. Was hätte ich sonst tun sollen?

Jetzt weißt du also, wie es zum Ergebnis von 156 zu 121 gekommen ist. Ganz sicher bin ich mir nicht, ob es unter normalen Umständen zu diesem Ergebnis gekommen wäre. Natürlich habe ich Werner Schäfer, der die erste Auszählung vorgenommen hat, nach dem Ergebnis befragt. Leider konnte er sich nach dem hinterhältig-heftigen Nudelholz-Hieb seiner Kunigunde nicht mehr genau an das Ergebnis erinnern, er meinte aber, die NEIN Stimmen wären leicht vorne gewesen.

Die drei Kameraden, die die zweite Auszählung nach einem Drittel der Stimmauswertung wegen des Eingriffs der Briten abbrechen mussten, erwähnten ebenfalls, das zu diesem Zeitpunkt die NEIN Stimmen leicht in der Mehrzahl waren.

Wir werden wohl niemals erfahren, wie die Abstimmung genau ausgegangen ist. Aber eines können wir so gut wie sicher feststellen, lieber Franz!

Ohne die Putzfrau Emma Kruse aus Nippes gäbe es heute wohl keinen 1.FC Köln!

Nun habe ich mein Gewissen erleichtert und dir die Geschehnisse unserer Wahl vorgetragen. Ich denke, wir beide sind uns *einig, dass dies niemals öffentlich werden darf und soll. Die Blamage vor den anderen Vereinen, die sich sowieso darüber mokieren, dass wir der ERSTE Fußballclub Kölns sind, würde uns jahrelang verfolgen.*

Nun aber wollen wir dieses Ereignis vergessen. Am besten wäre es, du verbrennst diesen Brief. Nichts soll uns nun aufhalten.

Und um deine Frage vom 14. Februar in der Kneipe Roggendorf zu beantworten: Ja, ich will mit DIR Deutscher Meister werden!

In diesem Sinn verbleibe ich mit sportlich-kameradschaftlichem Gruß

Dein Kalle

Wie Sie, liebe Leser, anhand dieses Briefs, der vermutlich von Sülz 07-Chef Karl Büttgen geschrieben wurde, erkennen können, ist die Fusion der beiden Vereine zum 1. FC Köln sehr wahrscheinlich ungültig. Die Geschichte des 1. FC Köln hätte eigentlich an diesem 13. Februar 1948 bereits beendet sein müssen.

FC-Präsident Lukas Podolski wurde mit dem Brief konfrontiert, hier seine Stellungnahme:

„Emma Kruse wird ab heute in unseren Geschichtsbüchern einen besonderen Stellenwert einnehmen. Durch ihr beherztes Eingreifen wurde wahrscheinlich Schlimmes verhütet. Ansonsten aber kann ich nichts Ehrenrühriges an der Wahl feststellen. Es wurden 156 Ja-Stimmen gezählt. Das sind mehr als 121-Nein-Stimmen, ... oder, ne? Damit Fusion, 1. FC Köln und aus die Maus!"

Schock! Der Geißbock war nur 2. Wahl

Von Magnus Brücken

Seit Urzeiten ist der 1.FC Köln als Geißbock-Elf bekannt, ja geradezu berüchtigt. Was jedoch niemand weiß, eigentlich sollte ein Dackel namens Bätes das Wappentier des 1.FC Köln werden. Stellen Sie sich das Wappen des FC mit einem über die Domtürme springenden Teckel vor. Kann nicht sein? Dann lesen Sie sich folgendes Brief des FC-Präsidenten Franz Kremer durch, Sie werden staunen.

EXZESS präsentiert:

An den

Teckelclub „Mer belle nit nur, mer biesse och" e.V.
Venloer Strasse 999
5000 Köln 30 / Ehrenfeld

Betreff: Bätes ungeeignet
Lieber Jupp,

ich möchte Dir für den Besuch beim letzten Vereinstreffen in der Kneipe „Dörper" in Köln-Sülz herzlich danken. Wir haben uns alle sehr gefreut, das du und deine 17 Clubmitglieder des Teckelclubs „Mer belle nit nur, mer biesse och" geschlossen in den 1.FC Köln eingetreten seid. Wir als Verein fühlen uns sehr geehrt und wünschen euch viel Spaß in unserem Fußballclub, der demnächst fußballerisch die Farben der Stadt Köln im Kampf um Meisterschaften vertreten wird.

Besonders haben wir uns natürlich über euer Antrittsgeschenk gefreut. Euren preisgekrönten Kampf-Teckel-Rüden „Bätes" haben wir mit Stolz und Dankbarkeit in unserer Mitte aufgenommen. Eurer Bitte, „Bätes" die Chance zu geben, unserem Verein als Maskottchen zu dienen, haben wir ja am gleichen Abend zustimmen können und in gemütlicher Runde wurde dieses Ereignis bis in den frühen Morgengrauen gefeiert. An dieser Stelle noch einmal vielen Dank für die Übernahme des Deckels, für dessen Begleichung der Wirt, Büb Schmitz, im Übrigen sehr dankbar wäre.

Zu „Bätes", dieser Teckel ist sicher optisch eine Zierde seiner Rasse und er überzeugt durchaus mit einem kämpferischen Blick und seinem majestätischen Körperbau. In seinem Abbild verbinden sich in der Tat Anmut und Grazie. Über seine Fähigkeiten, visuell den 1.FC Köln zu repräsentieren, gibt es keine zwei Meinungen.

Allerdings hat uns sein Verhaltensmuster zu denken gegeben. Jupp, ich habe das Tier mit zu mir nach Hause genommen und konnte ihn lange beobachten. Dabei sind mir einige Aspekte bewusst geworden, die mich zu der Überzeugung gebracht haben, „Bätes" Anstellung als Maskottchen unseres 1.FC Köln noch einmal in Frage zu stellen. Ich möchte Dir die Punkte auflisten:

○ Da ist zunächst seine Eigenart, beständig an unsere Eckbank zu urinieren. Sicher ist das als Maskottchen nicht schlimm, wirst du sagen, weil es im Stadion keine Eckbänke gibt. Ich habe jedoch das Tier mit zum Spiel unserer Jugend mitgenommen und „Bätes" hat daraufhin die Trainerbank unseres A-Jugendtrainers mit seinen Ausscheidungen befeuchtet. Dies war sehr ärgerlich, auch der Jugendtrainer der gegnerischen Mannschaft, den „Bätes" auch nicht verschonte, war sehr erbost und verlangt eine Reinigung seiner Hose, die auch etwas abbekommen hat.

○ Ich konnte ihm glaubhaft versichern, dass du als Ehrenmann die Reinigung seiner Sporthose selbstverständlich übernehmen wirst (die Rechnung findest du in der Anlage). Letztendlich steht fest, das jegliche Form von Bänken eine unwiderstehliche Anziehung auf „Bätes" ausüben, der er sich nicht entziehen kann. Nun frage ich Dich, lieber Jupp, wie soll ich den Herrschaften von der Presse und natürlich unseren

Zuschauern und Fans ein an die Trainerbank pinkelndes Maskottchen erklären?

○ Ein weiterer, fast noch wichtigerer Punkt ist die geschlechtliche Ausrichtung von „Bätes". Wie du ja weißt, bin ich stolzer Besitzer des Rottweiler-Rüden „Satan". Ein reinrassiges Tier, welches ich in Bälde mit einem läufigen Weibchen zwecks Nachwuchs-Zeugung, zusammen bringen wollte. Dies ist aktuell nicht möglich, da dein „Bätes" meinen „Satan" beständig besprungen hat. Offensichtlich ist dein „Bätes" nicht richtig herum gepolt, sondern mag lediglich Tiere gleichen Geschlechts. Es ist mir ein wenig peinlich, dies so offen zu schreiben, aber „Bätes" ist in meinen Augen ein schwuler Teckel! Wie bitte soll ich den Anhängern des 1.FC Köln ein offensichtlich homosexuelles Maskottchen verkaufen. Das passt weder zur Stadt Köln, noch zum Fußball und am allerwenigstens zu unserem geliebten 1.FC Köln. Du willst doch sicher auch nicht, dass und in Aachen, Mönchengladbach oder in Essen die gegnerischen Fans mit „Hauptstadt der Schwulen" Rufen empfangen. Wo blieben da unser Stolz und unsere Ehre?

Die genannten Aspekte haben uns nun dazu veranlasst, euch „Bätes" durch einen Boten zurückzugeben. Vielleicht geht ihr mal mit ihm zum Tierarzt, eventuell kann der was gegen „Bätes" Probleme unternehmen.

Da wir zur Zeit ohne Maskottchen sind, haben wir übergangsweise den Ziegenbock „Hennes" von Carola Williams zum Maskottchen ernannt. Ich weiß auch, dass dies ein wenig albern klingt, aber besser ein Ziegenbock, der richtig rum ist, als Maskottchen, als ein schwuler Teckel, der Trainerbänke bepinkelt und andere Rüden bespringt. Für die nächsten drei bis sechs Monate wird „Hennes" die Maskottchen-Pflichten übernehmen. Sollte er sich bewähren, könnte das sogar eine dauerhafte Lösung werden. Wenn nicht, könnten wir gerne auf einen anderen, weniger problembehafteten Teckel aus eurer Züchtung zurückgreifen.

Bevor ich schließe, lieber Jupp, möchte ich Dich noch um einen Gefallen bitten. Vielleicht kannst du mir einen klugen Rat geben, wie mein „Satan" wieder normal wird. Seitdem „Bätes" nicht mir bei uns ist, wirkt er lethargisch, ja fast traurig. Das Weibchen hat er zurückgewiesen und ich mache mir große Sorge. Hast du eine Ahnung, was er haben könnte?

Muss ich mal zum Tierarzt mit ihm? Wenn ja, dann empfehle mir einen günstigen Veterinär. Dies ist ja in Deinem Interesse, dann wird die Rechnung nicht so hoch für Dich.

Damit möchte ich enden und bedanke mich gleichzeitig für dein Verständnis. In der Hoffnung, dass unser 1.FC Köln bald Deutscher Meister wird verbleibe ich

Mit sportlichem Gruss

Franz Kremer
Präsident des 1.FC Köln

PS: Vergiss den Deckel für Büb nicht
PS2: Die 17 Beitragszahlungen sind noch offen, noch halte ich die Mahnungen zurück
PS3: Vergiss die Anlagen nicht

Anlage:
Rechnung über die chemische Reinigung eines Trainingsanzugs
Rechnung über eine neue Eckbank für Herrn Franz Kremer
Rechnung über spezielle Reinigungsmittel für den Fußboden im Hause Kremer

Bewiesen!
Beschiss in Dundee

Von Magnus Brücken

Liebe EXZESS-Leser, dem erfreulichen Gewinn der ersten Deutschen Meisterschaft im Jahre 1962 des 1.FC Köln folgte die Teilnahme am Wettbewerb im Europapokal der Landesmeister, der heutigen Champions-League. Der FC traf in der ersten Runde auf den schottischen Vertreter FC Dundee. Der FC bereitete sich professionell vor, schickte sogar einen Spion nach Schottland. Dieser hatte wenig Positives über die Schotten zu berichten. Gerüchten nach forderte er die Mannschaft sogar auf, nicht zu viele Tore zu schießen, da man sonst in Köln kaum Zuschauer haben würde. Außerdem berichtete er, dass das Spielfeld in Schottland unter der Woche doch tatsächlich für die Schafe zum Äsen zur Verfügung gestellt wurde.

Der 1.FC Köln verlor nun ausgerechnet dieses wichtige Spiel mit 8:1, dies ist bekannt und als „dunkler Fleck" nimmt es in der Historie des FC einen ganz markanten Platz ein. EXZESS aber liegt ein Brief vor, den ein Kölner Betreuer seinerzeit an seinen Cousin schrieb, der Inhalt dieses Briefs erklärt so manches:

Mein lieber Cousin Heinz,

gestern Abend haben wir bei den schottischen Schafshirten doch tatsächlich mit 8:1 verloren. Das wirst du ja sicher schon mitbekommen haben. Wahrscheinlich hast du auch erfahren, das unser Torwart Fritz Ewert nach einem Foul bei der Entstehung des 1:0 schwer am Kopf getroffen wurde und daher sehr benommen war, vier weitere Tore kassierte, weil er alles dop-

pelt gesehen hat und sich bei seinen Paraden zumeist für den falschen Ball entschied, den er halten wollte. Das sah zwar lustig aus, war für unsere Mannschaft aber eine Tragödie.

Das alleine aber war nicht das Problem, die Mannschaft spielte auch unerklärlich schlecht, spielte steif und unbeweglich. Und zwar ALLE!!!

Cik hatte beschlossen, Verteidiger Toni Regh ins Tor zu stellen, weil es mit Fritz nicht mehr ging. Damit hatten wir schon mal einen Mann weniger.

In der Halbzeitpause ist unser Trainer Cik Cajkowski wegen unserer Spielweise dann fast wahnsinnig geworden. Ich will dir kurz dokumentieren, was dort ablief:

Cik: Was ist los, meine Herren? Was ist los? Was soll diese große Mist? Sind doch nur schottische Amateure, ... Fußball-Dummköpfe, Leichtathleten, können nur geradeaus laufen und eigene Füße und Ball ist Feind von denen.

Leo Wilden: Trainer, he stimmp jet nit ...

Hans Schäfer: Künnt ihr och kaum loofe, isch han dat Jeföhl, als wenn isch am Boddem festklääve dunn ...

Ernst Günther Habig: Eja, isch han dat Jefööhl, die han he Kläävstoff op dä Platz jedonn ... anders kann isch et nit erkläre ... kann mer ens eener sare, wie viel Luff im Ledder iss? Isch han noch noch keene Ball jesinn.

Matthias Hemmersbach: Isch jlaube, isch weiß, wat he loss iss ...

Cik: Was sein los, Matthias, mir erklären ...

Hemmersbach: Joh, isch kumm jo us Efferen ... un Foßball han mir als Pänz immer an dä Wies am Decksteiner Weiher jespillt ...

Schäfer: Du Buur, wat verzällste he von Kindheitstaren, mir spille jerad Europa-Kapp ...

Hemmersbach: Waat aff, Knoll, ... isch verzälle et doch jerad. Da wo mir jespillt han, da han och janz off die Schööfjer ihr Quartier jehatt, ... un immer wenn die da länger ihr Jras jefresse hann, dann hatten mir ähnliche Problem mit däm Loofe jehatt. Nur dä Puma-Jupp nit, dä hatte es komische Schoh, der kom besser zerääch ...

Cik: Was du damit sagen willst?

Hemmersbach: Janz einfach, Trääner .. mir spillen nit scheiße ... mir spillen **op** Scheiße ... Schaafsdress, um et jenau zu sare ...

Schäfer: Wat heiß dat, Jung?

Hemmersbach: Ach Knoll, du heißt zwar Schäfer, aber davon häste kein Ahnung. Pass ens op ... der Kot von denne hät ene janz besondere Konsistenz, wenn dä noch halfwechs frisch iss, dann deit dä klääve wie süns jet ... un offensichtlich han uns Jeschner die Schööfjer jestern un hück morje öntlisch fresse un driesse losse ...

Habig: Un an dämm Driss von dä Biester klääve mir fass ... ?

Hemmersbach: Jenau ... dazu han die Schotte wahrscheinlich en Spezialschoh, wie unsere Puma-Jupp damols. Dä wor ansonsten ene Pflaume, hät ävver an solche Daach uns all naass jemaat ...

Habig: Sue ne Driss ävver och ...

Hemmersbach: Jenau ...

Schäfer: Dann losse mer doch Barfuss odder in Badeschlappe wigger spille ... die künne doch nix, die Aanfänger ...

Cik: *Nicht gehen tut das, sein verbotten. Isch weiß das, ... aaargh, winschte, das Schottenschafs-Scheiße nun hart wird, dann mir spielen mit denen Hase und Igel ...*
Habig: *Heiss dat nit Katz und Maus, Trääner?*

Cik: *Mir doch egal, wie das heißen tut. Aber jetzt machen wir Schotten dicht ... was sind das für Männer, die tun tragen Röcke... ab jetzt oben kissen, unten treten ... wer hat schwaches Herz, schaut beim Foulspielen weg. Kalli Thielen, du spielen Stopper gegen diese Tier, diese Alan Gilzean, geh auf Socken, auch wenn du sonst immer schaust, das Trikot bleibt weiß. Heute nicht, neben Scheiße von die Schaf, ich will sehen Matsch von die Platz ...*

Ich will es kurz mache, lieber Heinz, mit diesen Worten entließ Cik die Mannschaft in die 2. Halbzeit, in der es ein wenig besser lief. Kalli Thielen hat getreten wie ein Tier, daraufhin schoß Gilzean doch noch zwei Tore, weil auch Kalli kaum die Füße von der Erde bekam. Zum Schluss hat wenigstens Helmut Benthaus noch einmal getroffen, aber dabei blieb es.

Fazit: Aus Toni Regh wird in diesem Leben kein Torwart mehr, Fritz Ewert hat bei der Attacke zu Beginn noch mehr Haare verloren und eines weiß ich ab heute:
Hast du Scheiße am Schuh, haste Scheiße am Schuh ... und das Pech klebt an deinen Stiefeln!

Gruss
Dein Cousin

Liebe EXZESS-Leser, nun wissen Sie auch, warum der 1.FC Köln wirklich in Dundee so hoch verloren hat. Nach so vielen Jahren hat sich auch dieses Mysterium aufgeklärt. In der Tat haben wissenschaftliche Expertisen eindrucksvoll bewiesen, dass der Dung einer seltenen, schottischen Schafsart, klebstoffartige Wirkung auf bestimmte Lederarten ausübt. Somit kann man eindeutig von einer Wettbewerbsverzerrung sprechen, die dem 1.FC Köln 1962 zum Verhängnis wurde.

Die Geschichte wäre anders verlaufen, hätte der FC auf einem nicht von Schafen frequentierten Platz gespielt!

Belauscht! Overath und Glowacz planten schon 1971 Vereinsübernahme

Von Thorsten Spritmann

Im Sommer 1971 hat ein Unbekannter die beiden FC-Spieler Jürgen Glowacz und den großen Star des 1.FC Köln, Wolfgang Overath belauscht und ein Gesprächsprotokoll angefertigt. Aus heutiger Sicht eine äußerst interessante Unterhaltung. Das Gespräch muss im Trainingslager des FC, also vor Beginn der Saison 71/72 im gemeinsamen Zimmer der beiden stattgefunden haben. Glowacz war damals 19 und hatte gerade erst seinen ersten Profi-Vertrag unterschrieben.

Wir dokumentieren also heute für Sie, liebe Leser, die Zukunftsplanungen zweier junger Spieler, die in jeglicher Art und Weise zu Ikonen des Vereins wurden.

EXZESS präsentiert:

Overath: Jürjen?

Glowacz: Eja, Scheff, wat iss?

Overath: Sinn ming Fußballschoh jeputzt?

Glowacz: Mir Erdal Rex jewienert un poliert, Wolfjank. Isch hoff, du biss zefridde.
Overath: Wat maache ming Adilette?

Glowacz: Nix, die levve ja nit!

Overath: Doof Nuss, isch mein, ob die och sauber sin!

Glowacz: Blinke esu jrell, dat de blind wist, wenn du tirecktemang erin luure deis …

Overath: Eja, esu han isch dat jään … ming Erscheinung muss immer jet strahlendes han … un wenn et ming Badeschlappe sin.

Glowacz: Du, Wolfjank? Bis du mir noch bös, wäje däm Täckling heut im Trainingsspill? Et wor nit bös jemeint!

Overath: Eenmool, leeven Jung, lass isch dir dat noch durchjonn. Ävver wirklisch nur date ene Mol. Sons sööken isch mir ene andere Jung, der mir die Schohn schrubbe un putze darf!

Glowacz: Wat soll isch saren? Isch wor üvvermotiviert. Wollt däm Trääner zeije, dat isch in die Mannschaff jehör …

Overath: Völlisch falsch … ach. Jung, … du muss noch vill liehre.

Glowacz: Wieso ist dat falsch. Wullefjank? Dä Trääner …

Overath: … hätt he janix ze sare. Du Halfjehangk, wat meinste, wer beim FC dat Saren hätt?
Glowacz: Ähhh …

Overath: Isch natürlisch! Dä Trääner darf nur dat opstelle, wat mir jefällt, is doch klar.

Glowacz: Hät dann dä Präsident nix ze sare?
Overath: Ene Präsident hät schon vill ze sare. Dä Franz Kremer, dat wor ene joode Präsident. Op dä han isch och en bissjen jehört. Einer der wenijen, die dat von sich saren kunnte …

Glowacz: Aha, … schön, … wat meinste, Wolfjank. Wirst du vielleisch eines Tares mal FC-Präsident? Wär doch schön, odder?

Overath: Da han isch mir bisher noch kein Jedanke drübber jemaat.

Ävver natürlisch wör dat eijentlisch logisch, dat dä beste Mann vom FC och ens dä Prässident weed. Eets will isch ävver noch Deutscher Meister, Pokalsiejer und Weltmeister werde, dann sieht mer wigger.

Glowacz: Ävver du wars doch schon Deutscher Meister, ... bei Weltmeisterschaften häss du ene zweite und ene dritte Platz jehollt ... dat iss doch schon janz joot!

Overath: Rischtisch, ävver wenn du ens Weltmeister biss, dann kann dir keiner mehr wat.

Glowacz: Wieso datt dann?

Overath: Is doch logisch, Jung. WELT-MEISTER! Das blievs du für immer ... dann kann disch keiner entlasse, weil du biss ja der beste der Welt!

Glowacz: Klingt logisch ...

Overath: ... un wenn dir einer blöd kütt, sääste „Wie ville Länderspille häss du? Worst du allt ens Weltmeister? Enää??? Wie küss du dann dadropp, dat du mit dinger Meinung Rääch häss?"

Glowacz: Tolle Schtratejie!

Overath: Sach isch doch ... also wenn isch dann ens Prässident weed, dann kann mir ja keiner mieh, dann iss der Verein mir ... also der Verein kann sich dann auf mich verlassen!

Glowacz: ... OK .... Du? Scheff?

Overath: Wat dann? Is noch jet?

Glowacz: Na, wenn du ens Prässident wirst ... dann bräuchtest du ja eijentlisch och ene treue Fitze-Prässident, odder?

Overath: Da hääs de Rääch. Mer kann nur im Team erfolschreisch ärbigge. Un janz allein määt et ja och keine Spaß ...

Glowacz: Wie wör et dann mit mir als Fitze?

Overath: Nu hür ens dir dä junge Kääl aan, is noch nit trocken hinger die Ohren, un will allt Fitzeprässident weede. Wat befähischt disch dann, unger mir Fitze ze weede?

Glowacz: Luur dir ding Fubßallschohn und ding Adilette aan, dann siehste, dat isch royal zu dir bin un saubere Ärbigg abliefere kann un dir die Drecksärbigg avnemme kann ...

Overath: Ja, du häss Rääch, ... dat kannste schon ens janz joot. Ävver loyal zu mir sin fänd isch besser als dat royal. Wat noch?

Glowacz: Isch künnt dir beim Telefoniere helfe ... bei enem Prässident schellt bestimmp janz off dat Telefon, dann künnt isch datt üvvernemme. Waat, isch üb ens ... Jürjen Glowacz, Fitzeprässident des ruhmreichen 1.FC Köln?

Overath: Klingt janit schlääch! Ävver wat is mit esu wischtijen Sachen wie die körperlische Verpflejung?

Glowacz: Damit isch nit esu überlastet bin, sööke mir ens dann ene Handlanger uss. Ener, der uns dä Kranz Kölsch für uns Besprechunge bringe deit ... wer künnt dat maache?

Overath: Ach, esu eine fing sich schnell ... er darf sich nur nit enmische un muss uns treu erjeben sein. Un wie eine Einstein muss er och nit denke künne ...

Glowacz: Stimmp, er muss sich unger unserem jeistijen Nivea enpendele ...

Overath (stutzt) : Heiss dat nit Niwooo?

Glowacz: Hmm, kann sin, isch kann ja eijentlisch auch kein Jrieschich.

Overath: Ävver ene bruche mer noch dozo ... ene Nubbel, dä alles schold is ... dä mer verbrenne kann, wenn et Zick iss. Nit dat dann uns noch einer verantwortlisch määt ...

Glowacz: Dat darf natürlich nit passiere ... dat künnt ja dann esujet sin, wie ene Mänätscher.

Overath: Janz jenau, isch sehe schon, du häss Anlaren, um ens minge Fitze ze weede ...

Glowacz: Dann is uns Zukunft ja im Prinzip allt jesichert!

Overath: Ja, is joot. Jetzt müsse mer eets ens Fußball spille, a pro pos. Wo sind an ming blank jewienerte Schoh? Ahhh, da unge ... ävver wat ist dat dann? Dat nennst du sauber? Dat ist doch nur oberflächlisch. Dat jeht besser, minge Fitze in spe ...

Glowacz (jammert) **:** Kann doch ja nit sin, isch han wirklisch alles jejeben ...

Overath: Dat is ävver nit jenooch. Dat muss besser wäde, junger Mann, esu jeht dat nit. Un wenn du wirklisch ens wat weede wills, dann muss dat akkurat sin. Söns nemmen isch mir dä Thielen als Fitze. Dä süht ja allt us, als wenn dä mit Aktetäsch op dä Platz spillt. Also, jevv disch draan. Dunn noch ens putze, Fitze ...

An dieser Stelle endet ein wegweisendes Gespräch zwischen zwei jungen Fußballern, die viele Jahre später ihre Pläne in die Tat umsetzten, um den 1.FC Köln verantwortlich und (manchmal) erfolgreich in die Zukunft zu führen!

Unfassbar! Lothar Matthäus sollte zum 1. FC Köln

Von Andreas Howbricks

Im Jahr 1983 ergab sich ein in der deutschen Fußballgeschichte einmaliges Ereignis. Erstmals trafen zwei Vereine aus einer Stadt in einem DFB-Pokalfinale aufeinander. Der 1. FC Köln hatte sich mit dem damaligen Zweitligisten Fortuna Köln auseinanderzusetzen. Die Südstädter, unter der Führung ihres charismatisch-kölschen Präsidenten Hans „Schäng" Löring, hatten mit sensationellen Leistungen und Ergebnissen das Finale gegen den mit Nationalspielern gespickten FC erreicht.

Favorit in diesem Finale war also logischerweise der 1. FC Köln. Vor den Spielen ist es üblich, dass sich die Präsidenten bei einem Vorstandsessen fair-sportlich mit einem freundlichen Gespräch auf das Spiel einstimmen. So kamen Peter Weiand, Präsident des 1. FC Köln und sein Pendant, „Schäng" Löring in einem feinen Lokal in der Innenstadt von Köln zusammen, um über das kommende Finale zu plauschen.

Niemand ahnte, dass sich nach diesem Treffen eine personelle Planung zerschlug. Heute erfahren Sie, liebe EXZESS Leser, die Wahrheit:

EXZESS präsentiert:

Löring: So, Herr Weiand, dann ens jooten Appetit.

Weiand: Danke, ebenso Herr Löring, ich hoffe, das Schnitzel wird Ihnen munden, ihre zu erwartende Niederlage wird Ihnen dann hoffentlich nicht auf den Magen schlagen.

Löring: (lässt die Gabeln erbost und laut klirrend auf den Teller fallen) Na, dat fängk ja allt joot aan, leeven Kollesch. Warum iss man beim Effzeh immer esu von ovve erap, esu arrojant? Dat Spill muss ja eets ens jespillt wääde ... pass ens op, leeven Herr Weiand, ... dä Schatzschneider hät hück morjen ein Kilo Zimmermannsnäjel jefröhstöck. Dä Hannes Linssen hät sisch drei Stunde lang im Zwinger von mingem aggressiven Rottweiler „Idi Amin" ensperre losse. Dä hät jetz jenau die richtije Stimmung, um däm Litti sing Säbelbein ze poliere ...

Weiand: Aber Herr Kollege, das sollte natürlich nur ein kleiner Scherz sein. Die Fortuna hat selbstverständlich eine Chance. Lassen wir uns doch lieber darüber freuen, dass es diesen kölschen Feiertag überhaupt gibt. Wann hat es so etwas schon einmal gegeben, zwei Mannschaften aus einer Stadt in einem Pokalfinale? Aber machen wir uns nichts vor, lieber Herr Löring, der Sieger kann eigentlich nur 1.FC Köln heißen. Wir haben Toni Schumacher, Klaus Allofs, Pierre Littbarski, Herbert Neumann und und und ...

Löring: Ja, wie und? Han mir nix? Mir han im Viertelfinale die Jladbacher rausjekegelt, im Halbfinale han mir die Dortmunder mit fünnef ze null us däm Südstadion jeschosse. Dä Eike Immel hät noch immer Kreislaufstörunge, esu han mer dä enjedeck.

Weiand: Das mag ja alles sein, Herr Löring. Dennoch dürfte auch Ihnen in der Südstadt nicht entgangen sein, das der 1.FC Köln haushoher Favorit ist. Aber wir wollen uns nicht streiten, sondern den heutigen Tag und unser Mittagessen genießen.

Löring: Na jut ... (grummelt)

Beide sitzen nun schweigend und essend am Tisch, die Konservation ist deutlich gestört, als der letzte Bissen vertilgt ist, meldet sich Löring zu Wort.

Löring: So, dat wor lecker, ... esu dun mer hück och dä FC vernasche.

Weiand (milde lächelnd): Schön, das Sie an Ihre Chance glauben, so muss es ja auch sein.

Löring (leicht aggressiv): Is ja joot, Herr Kolleje, mer werden et ja sinn. Ävver jetz pass ens op. Wenn mir dat Spill hück jewinne ... odder och nur janz knapp verliere, dann wird janz Kölle nur die Fortuna fiere. Janz sicher!

Weiand: Das glaube ich eher nicht, Herr Löring.

Löring: Dat iss ävver esu. Mir sin Außenseiter, so wat han die Minsche jern, wenn die jäje die Jroßen opmucke dunn. So, un jetz drinke mer eets ens en Verdauungsschnäpsje, oder?

Weiand: Also gut (wendet sich an die Bedienung), ... junge Frau? Könnten Sie uns noch zwei Fernet bringen?

Kellnerin: (lächelnd) Zwei Fernet Branca, kommen gleich.

Weiand: Haben Sie gesehen, Herr Löring, wie die junge Blondine mich angelächelt hat? Scheinbar wirkt mein „älterer Herr"-Charme immer noch.

Löring: Schön, dat Sie sojar **VOR** däm Alkohol phantasiere künne, die hät jelaach, weil sie an die Niederlare Ihres Vereins im Pokalfinale jedacht hät.

Weiand: Ach was ...?!

Löring: Doch doch, isch kenn die. Die hät och bei mir, im mingem Lokal, im Bacchus serviert, is ne jlühende Fochtuna-Fan. Die schlööf sojar in Fochtuna-Bettwäsch ...

Weiand: Woher wissen Sie das mit der Bettwäsche?

Löring: Hät minge komplette Kader allt beschtätischt ...

Weiand: Ahh, jaa ... so eine ist das. Verstehe!

Löring: Wollen se die Dame ens kennen liere, Kolleje? Vielleisch kann isch ja helfen?

Weiand: Danke, ich bin durchaus in der Lage, dies selbst zu lösen, Herr Löring.

Löring: Wollen mer wetten, dat Sie kein Randewuuu mit däm Mädscher hinkrijen?

Weiand: Ich glaube, Sie kennen meinen Ruf nicht. Die Wette verlieren Sie. Also gerne, worum wetten wir?

Löring: Um die kompletten Pokaleinnahmen von ührem Effcee!

Weiand: Sind Sie wahnsinnig, Herr Löring?

Löring: Na, süch ens an, jetzt deit er kneife ...
Weiand: Moment mal, was halten Sie denn dagegen? Könnte ja auch gut möglich sein, dass ich die Wette gewinne!

Löring: Eetstens, wenn mir das Spill verliere dann erlasse isch Ihnen jlatt, die Hälfte der durch die Wett gewonnenen Pokaleinnahmen. Und sollt isch die Wett mit däm Mädscher verliere, ja dann mach ich drei Monate lang dä Oberkellner im Jeissbockheim unn Sie können dat medienjerecht vermarkte ...

Weiand: Das ist finanziell sicher nicht sonderlich lukrativ, aber da ich die Wette gewinnen werde ... was sicher ist ... dann werde ich großen Spaß an Ihren Auftritten im Geißbockheim haben. Also gut, Hand drauf!

Die beiden Präsidenten geben sich einen maskulinen Händedruck, die Wette ist besiegelt! Im Hintergrund erscheint bereits die blonde Serviererin.

Kellnerin: So, zwei Fernet für die Herren.

Weiand: Vielen Dank, junge Dame. Bleiben Sie bitte noch einen Moment bei uns?

Kellnerin: Gerne!

Weiand: Was würden Sie sagen, wenn Sie demnächst beim FC im Geißbockheim arbeiten würden? Wir können uns gerne mal bei einem Kaffee über die Konditionen unterhalten.

Kellnerin (zögerlich und leicht verwirrt): Nee, Danke ...

Weiand: Aber warum denn nicht, hübsches Kind? Unser Betriebsklima ist bestens, und wir sind ja der große 1.FC Köln!

Kellnerin (hilfesuchender Blick zu Löring): Muss ich antworten, Onkel Schäng?

Löring: Deine Entscheidung, Babettchen ...

Weiand: Onkel? Babettchen, ... Was läuft denn hier ab?

Löring: Darf ich vorstellen? Dat iss ming Nichte, dat Babettchen. Die iss mit unserem Jugendtrainer verheiratet un hätt bei der letzte Weihnachtsfeier von unserem Profikader die Fochtuna Bettwäsch jeschenk bekomme ....

Peinliche Pause ...

Löring: Babettche, isch jläuv, du kanns wigger ärbigge ... wenn mir noch jet bruche, dann roofe mer disch.

Babette zieht von dannen, immer noch leicht verwirrt.

Löring (grinst): Isch tät saren, Herr Kollesch, die Wett han isch jewonne.

Weiand: Sie haben mich reingelegt, Herr Löring! Auf eine ganz miese Tour! Sie sind kein Ehrenmann.

Löring: Voorsicht, Herr Kolleje, wer mit jung Mädscher schmuse will ... sollt halt en bissjen vorsichtijer sein ... also, zur Sache. Wenn wir jewinne, kriejen mir die kompletten Pokaleinnahmen, wenn nit, dann immerhin noch die Hälfte.

Weiand: ... und wenn ich mich weigere?

Löring: Ach, dat dun Sie nit, Herr Kolleje. Do hinge steht der Mann vom EXZESS, der will bestimmp wisse, wat mir alles zo bespreche han. Jern würd isch däm dat ja nit verzälle, ävver ...

Weiand: Schon gut, Sie bekommen das Geld. Aber es wird niemals ein Sterbenswörtchen an die Öffentlichkeit gelangen, ist das klar?

Löring: Herr Kolleje ... isch bin doch ene Ehrenmann!

Weiand: OK, ich muss gehen ... gibt es hier ein Telefon?

Löring: Eja, do hinge an der Thek is ene öffentlische Apparat, isch muss jetzt och jonn, jutes Spill nachher, Herr Kolleje!

Weiand wendet sich wortlos und wütend ab, er geht ans Telefon, schnappt sich den Hörer und wählt eine ihm bekannte Nummer.

Weiand: Ah, ... Herr Matthäus? Sind Sie das? Ja, passen Sie auf, aufgrund unvorhersehbarer Ereignisse kommt Ihr Transfer von Mönchengladbach nach Köln leider nicht zustande. Wir bedauern das sehr, aber die finanzielle Basis hat sich aufgrund eines bedauerlichen Rechenfehlers zu unseren Ungunsten verändert. Ich muss damit den Termin am Montag zur Vertragsunterschrift leider ersatzlos stornieren ...

An dieser Stelle endet der geheime Mitschnitt, der so niemals an die Öffentlichkeit gelangen durfte. Dank EXZESS wissen Sie, lieber Leser, nun, wie nah der 1.FC Köln am kommenden Weltfussballer, Lothar Matthäus, dran war.

Zeitzeugen erinnern sich, das der damalige Präsident, trotz des 1:0-Pokalsiegs über Fortuna Köln tagelang mit einem mürrischen Gesicht anzutreffen war.

Der Hammer! Daums Tagebuch gefunden!

Von Magnus Brücken & Hans Verner

Ein ganz besonderer Fund im versteckten FC-Archiv waren die Tagesbuchaufzeichnungen des ehemaligen Kölner Star-Trainers Christoph Daum. Wir haben in der Redaktion lange überlegt, welche Teilbereiche wir veröffentlichen sollen. Aus Respekt vor der Person Daum, der als türkischer Sportminister in Deutschland auch politische Immunität genießt, werden wir lediglich kleinere Auszüge der hochbrisanten Aufzeichnungen der Öffentlichkeit preisgeben. Aber auch diese sind von höchstem Interesse und lassen vieles aus der Vergangenheit des 1.FC Köln in einem anderen Licht erscheinen.

Unsere Reihe beginnt mit den Anfängen des heutigen, türkischen Sportministers und zusätzlich türkischen Botschafters in Deutschland. Wir gehen auf eine Zeitreise in die 80er Jahre des längst vergangenen Jahrhunderts.

Lassen Sie sich überraschen!

EXZESS präsentiert:

Montag, der 22.9.1986

Liebes Tagebuch,

heute möchte ich meine Aufzeichnungen beginnen, denn ich bin ab heute der Auserwählte! Ich,

Christoph Daum darf ab sofort den großen 1.FC Köln trainieren. Ich weiß gar nicht, was ich sagen soll? Ich bin glücklich. Ich in der Tradition eines Hennes Weisweiler und Rinus Michels. Traumhaft!

Aber auch folgerichtig, denn Ich bin der Richtige, Ich kann hier alle übertreffen. Ich werde eine Saat legen, die dem FC jahrzehntelang die Richtung weisen wird. Man wir mir huldigen, mich preisen und ehren. Davon bin Ich überzeugt.

Ansonsten werde Ich nun demütig mein Amt beginnen. Und zunächst muss der Toni Schumacher Sonderschichten machen. Der wird langsam alt, steif und unbeweglich.

Sonntag, der 28.09.1986

Liebes Tagebuch!

Habe Ich es nicht gesagt? Ich bin der beste Trainer, den der FC sich vorstellen kann. Ein 0:0 zum Einstand gegen intergalaktische Stuttgarter. Meine Maßnahmen sind alle voll aufgegangen.
Nur der Stümperei der beiden Allofs-Brüder vor dem Tor hat der VfB den unverdienten Punktgewinn zu verdanken. Beide heute zum Torschuss-Extratraining verdonnert. Sind halt Düsseldorfer, aber sonst ganz ordentliche Fußballer.

Ich bin nun voll und ganz überzeugt, das Ich auf Schalke meinen ersten Sieg feiern werde.
Die Mannschaft kann froh und dankbar über mein bahnbrechend-famoses Wirken sein. Ja, ich will so weit gehen und festestellen:

Ich befruchte sie ...

Sonntag, der 5.10.1986

Liebes Tagebuch!

Ich bin ein Prophet! Ich habe die Allofs-Brüder die ganze letzte Woche Torschusstraining machen lassen und nun trifft Thomas gleich 3x in Schalke. Was bin Ich doch für ein überragend-herrlicher Trainer. Mit 4:2 haben wir die Knappen, dank meiner geistvollen Taktik, besiegen können. Auch deren 2:0-Führung habe ich locker und trainertaktisch klug weggelächelt. Ich rolle nun, mit Hilfe der Mannschaft, das Feld von hinten auf.

Ich bin übrigens auch von meinen Interviews begeistert, wie Ich mich selbst in Sportschau so höre, da bekomme ich Glanz in den Augen. Ich bin aber auch wirklich gut und begnadet!

Sonntag, der 12.10 1986

Liebes Tagebuch!

Ich habe Dortmund vernichtend mit 2:0 geschlagen. Zwei mal hat Steff Engels den schwarz-gelben einen eingeschenkt. Ich habe ihm daraufhin erlaubt, der Mannschaft abends einen Kranz Kölsch zu spendieren. Hat er sehr souverän gemacht, der Steff. Aber nun zum wichtigsten, zu mir ... was war das wieder für eine taktische Meisterleistung meinerseits. Dortmunds Trainer Saftig hat mich anschließend aus großen Augen angeschaut, da war Demut, Anerkennung und ein bisschen Neid in seinen Verlierer-Augen. Das hat mir gefallen und wird mir aber auch gerecht. Ich kann es eben!

Sonntag, der 18.10.1986

Liebes Tagebuch!

Ich werde mir langsam selbst ein klein wenig unheimlich, Ich habe wieder gewonnen, diesmal mit 4:0 bei Fortuna Düsseldorf. Und wer hat die Tore gemacht? Thomas Allofs eins, und drei mal Klaus Allofs ... ausgerechnet gegen ihren alten Verein. Das soll mir einer nachmachen, nur meinem superben Geschick und meinem beispiellosen Training ist es zu verdanken, das die beiden wieder treffen.

Ich kann nur eines feststellen: „ICH BIN LEISTUNG!"

Ein Satz wie in Stein gemeißelt!

Aber auch Ich muss immer weiter an meiner Optimierung arbeiten. Ich muss gestehen, dass Ich heute vor dem ZDF Mikrofon nicht das Beste aus mir herausgeholt habe. Das muss mehr verbale Kreativität, Poesie und Phantasie, gepaart mit geistreichen Inhalten mit rein. Deswegen verordne Ich mir nun selbst ein einstündiges Interview-Straftraining vor dem Spiegel. Meine Frau Ursel hält das für Unsinn, aber die führt ihr Leben sowieso auf einer anderen Stufe. Die soll jetzt die Fragen aufschreiben und ansonsten den Mund halten. Ist doch wahr ...

Sonntag, der 16.11.1986

Tagebuch!

Was soll das? Wieso tut man mir das an? Ich habe die ultimative und aabsolut optimale und exquisite Taktik für unser Spiel in Hamburg gewählt. Ich kann mir nichts vorwerfen, aber meine Mannschaft hat das Spiel dennoch 1:0 verloren. Ein Nobody namens Dietmar Beiersdorfer hat das Tor gemacht, das nie hätte fallen dürfen. Warum hält Schumacher den Ball nicht? Wo waren Dieter Prestin, Geils und Steiner?

Auch der Schiedsrichter Tritschler war gegen mich. Warum erkennt er dauernd auf Abseits, wenn wir angreifen? Das kann er doch nicht machen ...

Tagebuch, Ich fühle mich leer, verraten und von der Welt unverstanden. Aber Ich stehe wieder auf. Das verspreche Ich ...

... und die Mannschaft kann sich auf viele Extra-Kilometer rund um den Decksteiner Weiher gefasst machen.

Soweit Auszüge aus den ersten Wochen. In der nächsten Folge sehen Sie, lieber EXZESS-Leser, wie Christoph Daum auf die Verpflichtung Udo Latteks zum Sport-Direktor reagiert hat und wie er die Phase rund um die Siegesserie des „blauen Pullovers" empfunden hat.

Aufgedeckt: Wo die Häßler-Millionen wirklich blieben!

Von Magnus Brücken, Andras Howbricks

Liebe Leser, in unserer heutigen Enthüllungsreihe, die wir aufgrund der Funde im geheimnisvollen Keller des Geißbockheims sichten konnten, wird ein uraltes Geheimnis gelüftet. Es geht dabei um die teilweise verschwundenen Transfersummen, die seit dem Jahr 1990, nach dem Wechsel des FC-Stars Thomas Häßler zu Juventus Turin, als verschollen gelten. Ein geheimnisvoller Brief, der scheinbar unbeachtet, zerknittert und verwittert in einem alten Leitz Ordner unter „Verschiedenes" abgeheftet wurde, bringt Licht in das Dunkel.

Sie werden staunen!

EXZESS präsentiert:

Brief eines gewissen Herberts an einen Freund namens Dieter (Nachname unbekannt).

Hallo Dieter,

was ich dir heute schreiben werde, klingt so unglaublich, dass es mir wahrscheinlich kein Mensch glauben wird. Es ist mehr als 17 Jahre her, also im Sommer 1990, als ich in eine merkwürdige Sache reingeraten bin.

Wie du ja weißt, bin ich glühender Anhänger des 1.FC Köln. Zu dieser Zeit hatte ich Kontakt zum ehemaligen Spieler des FC, Stefan Engels.

Wir hatten uns bei seinem letzten Verein, Fortuna Köln angefreundet, da habe ich eine Zeit lang als C-Jugendtrainer gejobbt.

Wie auch immer, jedenfalls bin ich mit Steff damals oft auf die Rolle gegangen. Wir waren beide Anfang 30 und sind halt gerne in Köln auf ein Bierchen rausgegangen. Steff hatte gerade seine Karriere beendet und konnte sich das sowieso erlauben.

Wie gesagt, es war im Sommer 1990, das Datum, weiß ich nun wirklich nicht mehr ... da sind Steff und ich wieder in Köln um die Häuser gezogen. In irgendeiner Kneipe, Namen habe ich auch vergessen, liefen wir auf einmal einem Kölner Promi in die Arme. Es war niemand anderes als der Sänger Jürgen Zeltinger, der mit ein paar Kumpels ebenfalls einen Zug durch die Gemeinde machte. Er kannte Engels flüchtig, ich will dir einmal den Dialog zwischen den beiden schildern, das mache ich auch in Kölsch, dann kannst du dir das besser vorstellen:

Zeltinger: Süch ens aan, dä Steff. Dat lecker Jüngelsche vom Effcee? Sollen mer ens ene Wing zesamme drinke?

Engels: Tach. Jung. Enää, isch drinke janz selten nur Wing, ävver du kanns dä Weet ens ene Kranz Kölsch bringe losse. Isch dun et och bezahle, isch jevven ens ene uss.

Zeltinger: Du immer mit dinge Kränz Kölsch, dat iss wohl ene Manie von dir. Ävver is joot. Zappes? Dun der Rungk he ens ene Kranz un mir en Fläsch wieße Wing ... jetzt sach ens, Steff, wat häss denn da für e lecker Jüngelsche bei dir. Der is ävver knusprisch ... joot durschträäniert. Ach, da wird mir ja janz anders ...

Ich: Hallo Herr Zeltinger, ich bin der Herbert.

Zeltinger: Dä schöööne Häbäääät, och nee, wie zuckrisch! Sach Jürjen ze mir, du schönen Bätes ... un jetzt pass ens op ...

Zeltinger ging auf mich zu und kniff mir leicht in die Brustwarze und drehte diese dann auch noch leicht ... tat sauweh und ich stieß einen Schrei aus ...

Zeltinger: Jetzt hür es aan, wie dä schreie kann, dat wörd isch jern noch in enem anderen Momang hüre ... un jetz du Steff!

Engels (hält sich beide Hände vor die Brust): Ene, mir driehste nit mieh die Brustwarz öm, beim letzte Mol kunnt isch sechs Woche kein Trikko mehr tausche, weil die dat all für ene Knutschfleck jehaale hann ...

Naja, so ging das damals ab. Und der Abend ging so weiter, Zeltinger kippte Unmengen von Weißwein in sich rein, wir hingegen tranken recht maßvoll ein paar Bier. Wir erzählten und blödelten rum. Nichts Tolles, nichts Besonderes. Ein Abend wie immer zu dieser Zeit. Und dann passierte es ... es kam jemand hinein, den ich zunächst nicht erkannte, obwohl er mir irgendwie bekannt vorkam. Dann wurde es klar, es war der damalige Geschäftsführer des 1.FC Köln, Wolfgang Schänzler ... er hatte einen mittelgroßen Koffer dabei und sah irgendwie leicht abgehetzt aus.

Den Dialog von damals, der dann folgte, will ich dir nicht verheimlichen.

Engels: Nabend, Wolfjank, na? Immer schwer im Schtress?

Schänzler: Ach Steff, wat soll ich saren. Ja, ... ich hab Stress. Aber janz schwer.

Zeltinger: Wie kütt ett?

Schänzler sah ganz schön müde aus, aber er musste wohl schon das eine oder andere getrunken haben. Auch jetzt trank er ein Kölsch, aber es beruhigte ihn nicht. Irgendetwas machte ihm Sorgen. Wir sollten bald erfahren, was es war.

Schänzler: Also jut. Könnt ihr en Jeheimnis für euch behalten?

Alle: ... Sischer dat!!!

Schänzler: Seht ihr den Koffer? Da sin die Häßler-Millionen drinnen ...

Engels: Ach du leeven Jott, … die ville Milljone? Sache ens, Wolfjank, bis du beklopp? Du kanns doch nit mit so vill Jeld eröm loofe? Wenn dat fottkütt, is dä Verein kapott. Warum bis du nit zur Bank jefahre?

Schänzler: Weiß ich selber, aber die hatten schon zu, der Unterhändler von Juventus Turin kam vill zu spät zum Termin. Italiener halt …

Zeltinger: Dat muss du Jebrauchtwarenhändler jerad saren … du bis doch dä schlimmste Finger von alle (lacht dreckig). Ävver wat maache mir denn jetz mit däm Jeld! Könnte mir doch eijentlisch joot verjubele … isch kenn jenoch Adresse, wo mer dat in einer Naach quitt krisch …

Ich: Herr Schänzler, warum fahren Sie nicht nach Hause und deponieren das Geld unter ihrem Bett oder vielleicht haben Sie ja einen Safe?

Schänzler: Habe ich nicht … und nach Hause kann ich nicht. Meine Frau ist in Kur, es ist niemand zu Hause und ich han ausjerechnet heute Mittach mein Detlef-Täschchen mit Portemonnaie und Schlüssel verloren …

Engels: Oh, datt is en Problem …

Schänzler: Jenau. Deswejen überlege ich die janze Zeit schon, wat ich machen kann. In en Hotel kann ich nit, da wollen die Papiere sehen, wenn du ein Zimmer buchst. Außerdem könnt ich ja nur mit dem jroßen Jeld aus dem Koffer bezahlen. Wie sieht dat denn aus?

Engels: Dat jeht nit!

Zeltinger: Dat iss doch janz einfach Jungens, isch han ene joode Fründ, der hät en Hotel in Bad Neuenahr. Da künnte mer hin.

Ich: Ja, können wir gerne machen, wir können mit meinem Cabrio fahren, ich habe ja noch nicht so viel getrunken und kann noch fahren.

… hier will ich es abkürzen, lieber Dieter. Die Idee wurde umgesetzt, Schänzler war erleichtert, wir sind dann – nachdem die drei anderen noch ziemlich viel Alk vertilgt haben - zu viert los. Schänzler, Zeltinger, Engels und ich ... ab in meinen alten Karmann Ghia, war ganz schön eng mit vier Mann, insbesondere Zeltinger nahm viel Platz in meinem Sekretärinnen-Porsche ein. Egal, ab nach Bad Neuenahr ... es war eine laue Sommernacht, ich hatte eine Flasche Bacardi im Heck, die die Runde machte. Es wurden laut kölsche Lieder geschmettert. Lustig, wie dann Zeltinger dem Schänzler den „Tuntensong" beibrachte, den dieser dann auch fehlerfrei bis Bad Neuenahr laut drauf hatte. Als wir auf dem Parkplatz ankamen, machte ich dann auch eine „Druckbetankung" mit dem Rest Bacardi. Vorher habe ich wegen des Fahrens mal lieber nix getrunken.

Auf dem Parkplatz vor dem Hotel haben wir dann ziemlich besoffen Sirtaki getanzt und danach „Müngerdorfer Stadion" gesungen. Der Hoteldirektor wollte uns daraufhin nicht reinlassen, war ne piekfeine Adresse und wir vier waren dem schon zu breit. Aber Zeltinger hat dann von ein paar Fotos erzählt, die er gerne mal dem EXZESS schicken könnte ... da war das kein Problem mehr und wir erhielten die Präsidenten-Suite.

Übrigens, wir hatten schon ziemlich Schlagseite und haben darüber sogar den Koffer im Karmann liegen lassen, im offenen Karmann wohlgemerkt. Zum Glück hat Schänzler es noch bemerkt, aber ehrlich gesagt, haben wir das alles in dem Zustand nicht mehr so richtig ernst genommen.

Was dann folgte, weiß ich nur noch schemenhaft. Wir haben uns notdürftig in der Suite einquartiert, die Mini-Bar geplündert und uns weiter amüsiert. Zeltinger war kurz verschwunden, wollte angeblich mit einem Bekannten kurz was klären. Als er wiederkam, hatte er eine große Flasche Jägermeister dabei und wollte mit uns allen anstoßen.

Zeltinger: Esu Jüngelchens ... isch han mir jedaach, mer nemme uns en Tax und fahre Richtung Bonn, da künne mir noch ene dropp maache ...

Engels: Wirklisch? Isch mein, isch hätt jetz all jenooch .. ävver wenn du meins, Jürjen ...

Zeltinger: Ävver klar dat, mir maache noch jet us däm Ovend. Ävver eets ens, drenke mir ene Jäjermeister. Op ene schöne Ovend, Jungens!

Wir stießen mit den vier vollen Gläsern Jägermeister an ... und kurz danach – wir wollten wie gesagt Richtung Bonn – setzt meine Erinnerung aus.

Es war taghell, als ich wach wurde ... wobei wach eine große Übertreibung ist. Eher war es eine Art Koma-Erweckung, die mir allergrößte Kopfschmerzen bereitete. Ich lag auf dem Parkettboden, alle Viere von mir gestreckt und hatte einen Kater, der nicht von diesem Planeten sein konnte. Mir war zudem hundekalt, scheinbar hatte ich nichts an. Irgendwie schaffte ich es aufzustehen und ich musste als erstes meinen Anblick im Spiegel ertragen. Was ich da sah, war erschreckend.

Dieter, ich war quasi nackt, hatte lediglich einen String-Tanga an, Wohlgemerkt EINEN String-Tanga, nicht MEINEN String-Tanga. So einen Kram besitze ich nicht, schon gar nicht so einen pinkfarbenen Posing-Beutel ...

Aus meinem Hinterteil lugte eine riesige Feder, zusätzlich hatte ich eine rosa Federboa um meinen Hals, die allerdings reichlich schmutzig war ... um es kurz zu machen, ich bot einen erschreckenden Anblick.

Auf dem Sofa bot sich der nächste furchterregende Anblick, da lag Zeltinger, in einer Art schwarzen Phantasie-Polizei-Uniform aus Leder, am Hinterteil jedoch war das Ding völlig offen. Der nackte Hintern Zeltingers begrüßte mich dann sogleich auch mit einem derben Laut ... was danach folgte, ließ mich fast wieder ihn Ohnmacht sinken.

Abgehalten hat mich der Anblick Schänzlers. Ich musste 2x hinschauen, um ihn überhaupt zu erkennen. Er trug Frauenklamotten der tuntigsten Art, war mit erdbeerfarbenem Lippenstift verunstaltet und stank wie verrückt nach Lavendel.

Was mich wunderte, Steff war nicht in unserer Suite zu entdecken. Aber zunächst weckte ich die anderen beiden, um zu erfahren was los gewesen sei. Nach einer kurzen Berappelungsphase – Schänzler wurde ob seines Outfits fast hysterisch – versuchten wir zu klären, was passiert sei:

Ich: Weiß einer von euch, was NACH dem Jägermeister hier im Zimmer eigentlich vorgefallen ist.

Schänzler: Wir wollten nach Bonn, so vill weiß ich noch. Aber danach setzt bei mir alles aus, ich weiß wirklich gar nichts mehr ...

Ich: Geht mir auch so, den Jägermeister intus, danach ist die Erinnerungslinie gekappt worden. Ging es dir auch so, Jürgen?

Zeltinger: Nun ja, isch hatt däm Taxifahrer noch jesacht, wo er hinfahre soll ... ävver wohin? Enää, dat han isch verjesse ...

Schänzler: Hast du das Taxi von diesem Zimmer aus anjerufen?

Zeltinger: Ejaa ...

Ich: Dann haben wir eine Chance, wenn im Telefon eine Wahlwiederholung installiert is. So, hier ist das Telefon, dann wählen wir mal .... Ich stelle auf laut, so ...

Tuuut ... tuuut ...

Taxiruf: Taxi Esser, juten Tach?

Ich: Hallo? Ich habe eine Frage ... hatten Sie gestern Abend eine Fahrt von Bad Neuenahr nach Bo...

Taxiruf: SIEEEEE sind das! Sehr gut, ich will Ihnen sagen, das war ja schon eine verrückte Sache, erst kotzen vier Mann in unser nigel-nagel-neues Taxi, dann macht sich der dicke Kerl an meinen Fahrer ran, greift ihm während der Fahrt in den Schritt, der Junge setzt vor Schreck das Auto an eine Hauswand und die Karre ist schrottreif. Sie haben Nerven, hier anzurufen ...

Ich: Oh, ... ähh ... tjaaa, was soll ich jetzt sagen. Es tut mir natürlich leid. Sind Sie sicher, dass WIR das waren?

Taxiruf: Aber ganz klar, wir haben ja auch die Kölner Prominenz aus den Bereichen Sport und Musik erkannt. Aber keine Sorge, wir werden nichts verraten.

Schänzler (aus dem Hintergrund): Das ist wirklich sehr nett, das Sie diskret bleiben. Sie werden natürlich dafür belohnt, ich lasse Ihnen drei Jahreskarten für den FC zusenden.

Taxiruf: Können Sie behalten, wir sind fast alles Gladbach-Fans. Außerdem haben Sie uns ja gestern Abend schon ganz gut entlohnt. Die eine Millionen aus ihrem Koffer reichen für ein paar neue Taxis und natürlich auch dafür, das wir alle das Maul halten ...

Alle: .... **Waaaaaaaaaaaaaaaas?**

Taxiruf: Ah, das wissen Sie also nicht mehr, kein Wunder, ... so prall, wie Sie alle waren. Na ja, der ältere Herr, Schänzler heißt er ja ... hat ja sofort gesagt, wäre alles kein Problem und hat zunächst 500.000 DM fürs Schweigen und fürs Taxi rüberwachsen lassen. Dann solltet ihr noch zu einer bestimmten Adresse – mit einem anderen Taxi – hingefahren werden. Dafür haben wir noch mal 500.000 DM bekommen. Wenn Sie nach DER Nacht noch Geld über haben ... welchen Gefallen können wir Ihnen diesmal tun?

KLONK! Aufgelegt ...

Zeltinger: Jüngelsche, hässte se noch all? Mir müsse doch wisse, wo mir danach hin sin?

Ich: Schön und richtig, aber noch besser wäre es wohl, zu kontrollieren, wo der Koffer mit dem Geld ist ... und ob wirklich etwas fehlt!

Schänzler (die Augen geweitet) : Oh GOOOOOOTT, er hat Recht, sucht die Suite ab. Los, sucht die Suite ab. Der Koffer, der Koffer ...

Was soll ich sagen, Dieter. Wir haben fast eine Stunde lang gesucht. Alles, wirklich alles haben wir abgesucht ... jedoch tauchte der Koffer nicht auf. Er war schlicht weg und Schänzler völlig verzweifelt.

Schänzler: Oh Gott, ich bin tot, ich kann mich aufhängen, wenn das Geld weg ist.

Zeltinger: Et hilf nix, mer müssen dat Taxi-Ungernemme noch ens aanroofe, dä is dä einzije dä uns noch sare kann, wo mir hin sin. Mir fällt dat nämlich wirklisch nit mieh en.

Schänzler/Ich: ... mir auch nicht!

Zeltinger: OK; ISCH roof dä Taxi-Tünnes jetz aan ... tuuut .... Tuuut.

Taxiruf: Taxi Esser, juten Tach?

Zeltinger: Isch bin et, wo häss de uns hinjefaahre?

Taxiruf: Für noch einmal 500.000 DM würde mir das sicher einfallen, ich ...

Zeltinger (laut, derb und hundsgemein) **:** Jetzt pass ens op, du Plüschprummetaat! Isch bin ja ene Söööße ... ävver isch kann och fies bös werden, wenn du dat willst. Du sääst mir dat jetz, sons kumm isch mit minge Asi-Kumpels vorbei un biesse dir die Cojones av ... anschließend hange mir die am Bökelbersch op ... und dunn die mit Erdnöss bewerfe ... un disch hänge mer donevve nackisch an de Fööss op un donn wörfele, wer disch die Naach dann ens han darf ... also, die Adress, Jlattbach-Boy!

Taxiruf: Sauna Vesuvio, Innenstadt von Köln!

KLONK! Aufgelegt!

Ich: Waaas? Wir sind wieder nach Köln zurück? Warum denn das?

Schänzler: Ich bin tot, ich bin tot!

Zeltinger: Ach du leeven Jott. Da sin mir hin? Muss dann wohl ming Idee jewääs sin ... dat is ene Schwulensauna!

Schänzler: Ich bin tot, ich bin tot! Ich werde immer töter ...
Also, Dieter. Wir wussten nun, dass wir wieder nach Köln zurück sind.

Ob Engels da schon nicht mehr dabei war, wussten wir zu diesem Zeitpunkt noch nicht ... wir haben nicht lange überlegt, sondern uns in den Karmann, der glücklicherweise noch da war, gesetzt und sind nach Köln gefahren. Zuvor hatte uns Zeltingers Kumpel noch mit halbwegs normalen Klamotten versorgt. Wir hatten ja nur den Tuntenfummel an. Er hat uns bestätigt, dass wir um 5 Uhr morgens etwa laut grölend um das Hotel herum gelaufen sind, allerdings nur zu dritt, Engels fehlte da bereits.

Während der Fahrt nach Köln redete kaum einer, wir waren erstmal ziemlich fertig von der Nacht, dann wiederum war die Tatsache, das wir den 1.FC Köln wohl auf dem Gewissen haben, nicht sonderlich gute-Laune-fördernd. In das Schweigen platzte dann Zeltinger rein:

Zeltinger: Jungs, isch muss üsch jet saren!

Ich: Was kommt denn jetzt?

Schänzler: Mir egal. Ich bin sowieso tot!

Zeltinger: Also, .. mir han uns doch all jestern im Hotel noch en jrosses Jlas Jägermeister in dä Kopp jeschüttet.

Schänzler/Ich: Jaaaa ??

Zeltinger: Da wor jet drin ...

Schänzler/Ich: Jaaaa ?? Was denn?

Zeltinger: Ja, esu en paar „Lockermacherer" ... ihr word jo all en bissjen verkrampft, unn dem Steff wollt isch schon lang an de Wäsch, esu en Leckersche, wie der iss. Da han isch mir jedaach, isch maache üsch ene Spezialdrink ... damit et flupp!

Ich (entsetzt): Was genau war drin!

Zeltinger: Och, dat wor esu ene Cocktail mit KO-Tropfen, en bissjen Barbiturate Extra und en paar andere Schweinereien ... sollte eijentlisch nur für et Späßchen sein, ävver isch jläuv, die Mischung war zu brutaal jewählt. Jungens, et deit mer leid ...

Ich: Das ist ja dann wohl das Mindeste!

Schänzler: Arschloch!

Zeltinger: Meinetwejen künnt ihr misch beschimpfe, ist mir ejal. Ävver jetzt is nur wischtisch, dat mir dä Steff un dat Jeld widder finge, odder?

Er hatte Recht, deswegen sagte auch keiner mehr was. Wir kamen relativ schnell in Köln an und standen auch schon bald vor dem Vesuvio. Eine Schwulensauna eben … Mann, was war mir das alles peinlich.

Wir traten ein … die Schwulensauna war auch zu dieser Mittagszeit schon offen, erste Pärchen schauten uns interessiert, manche lüstern an. Dann erschien ein Angestellter, Zeltinger nannte ihn Caruso, der so schwul war, wie man nur schwul sein kann. Tonfall, Kleidung, Haarschnitt, alles passte ins übliche Schwulen-Klischee:

Caruso: Hach, ihr geilen Böcke, … das IHR euch hier noch hintraut. Jüüürgen, den da, den schönen Herbert, den wollen wir hier eigentlich nicht mehr sehen. Der ist selbst uns ZU vulgäär ….

Ich: Waas? Ich? Ich bin hetero bis zum Geht-nicht-mehr …

Caruso: Liebelein, erzähl keinen Scheiß … gestern wolltest du meinen Nabel küssen. Ist ja nicht schlimm, passiert mir öfter … aber keiner wollte den Nabel bisher „von innen" küssen … willst du eine detaillierte Beschreibung?

Zeltinger: Haal ding Babbelschnüss, du kleine Tunte! Sach leever, wat he dies Naach avjeloofe ist, mir künne uns all an nix erinnere …

Caruso: Schon wieder die KO-Tropfen Nummer, tss tss tsss, Jürgeeen, du bist ja doch ein kleines Schweinchen … genau wie der ältere Herr, der hat hier diese Nacht alle rattig gemacht …

Zeltinger (donnernd laut) : … WATT IS HE PASSEET, Caruso ???

Caruso (laut & schrill): Schooon guuuut, ich erzähle es ja! Also, ihr kamt hackebreit und rattenscharf aus dem Taxi, entert sofort die Bar, schreit was von „Schwuuuulenparty" und habt euch von uns ausstaffieren lassen. Dann haben wir euch in den Dark-Room geschickt, … dann kam die alte Transe da hinten, Old Schänzler, habt ihr ihn genannt, mit einem blonden Jüngling wieder raus … tja, und dann haben Old Schänzler und blonde Jüngling, sein Name ist Erasmus, … dann haben wir die beiden verheiratet!

Schänzler: Wie war das im Mittelteil?

Ich: Du hast einen schwulen Jüngling namens Erasmus geheiratet, Erasmus Schänzler heißt der jetzt! Und ich vermute … jetzt bist du tot!

Schänzler: Ja! Tot! Mindestens! Wenn nicht sogar, noch schlimmer!

Zeltinger: Ach du leeven Jott, die Nummer … jetzt sach nit, Caruso, ihr habe die beiden dann auch wieder jeschieden un ihn blechen lassen?

Caruso: Na, also zunächst mal haben wir ne Riiiiesenparty gefeiert. Hach Goddelschen, war dat schööön. Mit allem Piff, Paff und Puff. Romantisch war das, ach jaaa … übrigens, schöner Herbert, die Feder habe ich dir in den Hintern verfrachtet, wolltest du ja unbedingt so haben. Wobei ich nicht finde, das dir rosa steht.

Ich: Du kannst mir ja viel erzählen … ich glaub das nicht. Wie war das jetzt mit der Scheidung, habt ihr etwa Geld genommen?

Caruso: Soo läuft das nun mal, Süßi … irgendwann bekam Old Schänzler dann doch mit, was er da gerade gemacht hat und wollte alles wieder rückgängig machen. Auch die schönen Hochzeitsfotos wollte er haben und hat Scheidungskosten und Kamera samt Film in einem bezahlt.

Schänzler (ängstlich): Und, wie viel?

Caruso: Na, satte zwei Millionen deutsche Märkerschen aus deinem dicken Koffer, Schnuckiputzi!

Ich: Du bist tot, Schänzi !!!

Zeltinger: Mausetot!

Schänzler: Wo ist dieser Erasmus? Das Geld muss er zurückgeben ...

Caruso: Vergiss es, Mausezähnchen, der ist heute Morgen vom Flughafen Köln-Bonn aus in ein Land geflogen, was nicht ausliefert! Hokus Pokus, Erasmus fott! Und bevor du fragst, meinen Anteil ... die Arbeitsgebühr von bescheidenen 500.000 DM hast du anstandslos bezahlt und in einem Vertrag bestätigt, hier bitteschön!

Caruso zog ein Papier aus der Tasche. In der Tat hatte Caruso in der Nacht schnell mit seiner Schreibmaschine einen Vertrag aufgesetzt, den Schänzler unterschrieben hatte. Als Zeugen hatten Zeltinger, Engels und ich mit unterschrieben. Das Ding war hieb- und stichfest.

Zeltinger: OK, Caruso! Dat is en Sauerei, wat ihr jemacht habt. Un eijentlisch mööt isch dir eine op et Maul jeben ... ävver jetzt sääs du uns, wat mir anschließend jemacht han. Sons schlach isch dir ding polierte Zäng us de Muul!

Caruso: Bruuutaler Kerl! Aber ich will mal nicht so sein. Ihr wolltet das verlorene Geld wieder reinholen, habt euch ein neues Taxi genommen und seit zurück nach Bad Neuenahr gefahren. Angeblich ins Spielcasino! Sah toll aus, wie ihr mit euren schwuli-schwuli-Klamotten los seid. Ihr seid bestimmt gut im Spielcasino angekommen ...

Wir waren entsetzt, wie du dir denken kannst, Dieter. Zu diesem Zeitpunkt waren bereits 3,5 Millionen DM von den Häßler-Millionen weg. 1 Million für das Taxi plus Schweigegeld, 2 Millionen für Homo-Erasmus, und 500.000 für Carusos angebliche „Bearbeitungsgebühr", was nichts anderes als Schweigegeld war. Stephan Engels war immer noch verschwunden, der Koffer mit dem Geld ebenso. Es blieb uns nichts anderes übrig, als nun ins Spielcasino nach Bad Neuenahr zu fahren, um in Erfahrung zu bringen, was dort passiert war. Nach alldem, was bisher passiert war, konnte man nicht gerade von Begeisterung in meinem Karmann Ghia sprechen.

Aber es nutzte nichts, wir mussten herausfinden was los war. Nach kurzer Zeit waren wir im Spielcasino angekommen und verlangten nach dem Manager. Dieser hieß Karsten Meier, war ein Schmierlappen Ende Dreißig, der uns nicht sehr freundlich begrüßte.

Meier: Ah, die Tuntentruppe von dieser Nacht, also, Sie kennen wohl keine Scham, hier noch einmal aufzukreuzen!

Ich: Herr Meier, es ist uns wohl bewusst, das sich keiner von uns diese Nacht mir Ruhm bekleckert hat. Um es klar zu sagen, wie wurden mit KO-Tropfen und weiteren Medikamenten in Verbindung mit zuviel Alkohol quasi temporär unmündig gemacht. Das tut uns leid, aber wir MÜSSEN wissen, was hier gestern genau passiert ist. Es hängt ein Menschenleben und viel Geld an der Sache. Also, WO ist unser Freund … und WO ist der Geldkoffer, den wir wohl bei uns hatten!

Meier: Gut! Als sie das Casino betraten, übrigens Polonäse-Blankenese singend und tanzend haben Sie in Ihrem … ähh … Outfit für reichlich Verwirrung gesorgt. Der wie eine Frau aussehende ältere Kerl … also der (auf Schänzler zeigend) ist sofort auf den Roulette-Tisch zu und hat eine Millionen auf die Null gesetzt. Na ja, er hat natürlich verloren!

Ich: Wundert mich mittlerweile auch nicht mehr, … und dann?

Meier: Herr Zeltinger urinierte zunächst an einer unserer großen Palmen, die wir aus Dekorationsgründen im großen Spiegelsaal aufgestellt haben. Er meinte halt, er „müsse sicke wie en aahl Pääd" .-.. Außerdem war er der Meinung, dass alle Besucher das Recht hätten, … seinen nun ja, kleinen Jürgen zu begutachten. Er war der Meinung, dass er nichts zu verbergen hatte.

Ich (angstvoll) **:** Will ich den Rest noch wissen?

Meier: Nein! Wollen Sie nicht!

Zeltinger: Wie? Wor et dat schon?

Meier: Wir hatten natürlich längst die Polizei gerufen. Als dann Her-

bert, also er (er zeigte auf mich) noch am Kronleuchter eine Reckübung fabrizierte und mit einem gekonnten Gienger-Salto seinen Abgang schaffte, haben aber sogar einige Leute geklatscht.
Wobei das mit der Feder im Hintern schon reichlich merkwürdig aussah!

Ich: Meine Gott, da ist wohl meine Vergangenheit als Kunstturner mit mir durchgegangen ... schrecklich!

Zeltinger: Un dann?

Meier: Na ja, es kam noch zum großen Finale. Die Polizei war längst eingetroffen. Sie, Herr Zeltinger, haben es sich dann nicht nehmen lassen, mit einem jungen Beamten einen Walzer zu tanzen und wollten ihn dazu bewegen, sich ein großes Loch in die Hose am Hinterteil schneiden zu lassen. Sie waren ja ähnlich gekleidet.

Schänzler (kleinlaut): Und was habe ich gemacht?

Meier: So gesehen, haben Sie die Situation gerettet, denn Sie haben uns als Wiedergutmachung eine weitere Million in Bar ausbezahlt. Daraufhin haben wir die Anzeige fallen lassen und die Beamten sind wieder abgezogen ... die haben lediglich verlangt, das Sie sofort in ihr Hotel gehen. Na ja, wegen Ihres Dresscodes halt ...

Zeltinger: Sin mir dann endlisch in et Hotel zurück jejange?

Meier: Nein, denn es gab einen weiteren Zwischenfall. Ihr Freund, dieser Engels, hat gesehen, wie Herr Schänzler wieder an den Roulettetisch zurück wollte, um verloren gegangenes Geld zurückzugewinnen.

Da hat er sich auf ihn gestürzt, ihm den Koffer entwendet und mit einem lauten Schrei durch die Scheibe gesprungen und war verschwunden. Sie sind ihm wohl alle hinterher, haben ihn aber anscheinend nicht gefunden. Mehr kann ich Ihnen nun nicht mehr sagen.

Ich: Sie sagten, er habe etwas gerufen! Haben Sie es verstanden!

Meier: Laut und deutlich, er schrie „Isch muss dat Jeld für mingen Effceeeh retten, söns is baal alles fott" ... er schien mir eh der Vernünftigste der Gruppe zu sein.

Damit gaben wir uns zufrieden und verließen das Spielcasino wieder. Draußen angekommen diskutierten wir, wo Steff denn nun sein könnte. Dann wurde Zeltinger auf einmal käseweiß im Gesicht. Ich sah das und sprach ihn an, was denn mit ihm sei.

Zeltinger: Jungens, mir is jläuv isch jerad enjefalle, wo dä Steff un dat Jeld sin künnt.
Ich: Häh? Wieso das denn? Erkläre mal!

Zeltinger: Mir fällt langsam einijes widder en, die Wirkung lässt en bissjen nach. Also, ihr wisst doch noch, wie isch mit mingem Bekannten, däm dat Hotel jehört, noch wat jerejelt han. Na ja, mit däm han isch ja die Fläsch Jäjermeister präpariert und dä hät mir noch dä Schlüssel jejeben.

Ich: Schlüssel für was?

Zeltinger: Na, isch fand dä Steff doch schon immer esu schnuckelisch. Um Rauh für en bissje Spass mit däm zu han, hätt minge Bekannte mir dä Schlüssel für sing Spezial-Zimmer mit Liebes-Schaukel, Handschelle un andere Spillkrom jejeben.

Ich: Jaaaaa? Und?

Zeltinger: ... ja, jetzt han mir uns jestern, wie mir jerad enfällt, dä Steff im Wald jesöök. Sin mir ja jetrennt jejange um dä zu finge. Un, süch aan, isch han ihm im Wald jefunge. Er lach op däm Koffer un wor enjeschloofe.
Daraufhin han isch mir dat Pööschje jeschnapp, han ihn in dat Spezialzimmer jelaat und ... na ja, damit er nit loofe jeht, us Spass anjekett. Er wor ja immer noch am Schloofe unn isch wollt ja tirecktemang widder kumme.

Schänzler: Ach, und dann?

55

Zeltinger: Han mir uns all in dä Suite jetroffen ... als ich kom, wart ihr zwei ävver allt am schloofe ... un dummerweis han isch och dä Fähler jemaat, koot die Aure zozemaache, den Rest kennt ihr dann ...

Ich: Dann aber schnell zum Steff und zum Koffer.

Wir rasten also zurück zum Hotel und gingen in den Keller des Hotels, wo sich das „Spezial-Zimmer" befand, öffneten mit zittrigen Händen das Schloss und fanden Steff schlafend und laut schnarchend vor. Er hatte von nichts etwas mitbekommen und musste nach dem Wecken von uns über die allgemeine Lage aufgeklärt werden.

Tja, lieber Dieter. Jetzt weißt du, was vor über 17 Jahren, im Sommer 1990 passiert ist. Du willst sicher wissen, wie die Sache ausgegangen ist. Also, insgesamt waren 5,5 Millionen aus dem Koffer verschwunden. Schänzler hat dann insgesamt noch einmal 500.000 DM an uns verteilt, damit wir schweigen. Wobei Steff kein Geld angenommen hat, er wollte lieber in Zukunft mal einen Job beim FC antreten. Hat er verdient, denn er hat das Restgeld gerettet! So haben Zeltinger und ich je 250.000 DM bekommen.

Somit weißt du jetzt, das von den Häßler-Millionen satte sechs Millionen DM fehlen. Dummerweise habe ich nie in Erfahrung gebracht, wie viel insgesamt im Koffer war. Es muss aber gereicht haben, denn der FC hat doch im Nachhinein noch ein paar Granaten verpflichtet, oder?

Jetzt muss ich aber Schluss machen, gleich bekomme ich wieder meine Medikamente von den netten Herren mit den weißen Kitteln. Außerdem haben wir heute noch Therapiestunde. Du wirst staunen, wer da alles mit dabei ist: Karl der Große, Napoleon Bonaparte, Alfred Hitchcock und Elvis Presley, ... um nur einige zu nennen. Davon erzähle ich dir aber ein anderes Mal. Bis bald, alles Gute, dein

Herbert von Karajan

PS: Ich habe übrigens mein FC-Erlebnis in einem Drehbuch niedergeschrieben und nach Hollywood geschickt. Haben die Wärter mir erlaubt. Keine Sorge, habe alles verfremdet und die Story in die USA verlegt. Sollte also irgendwann mal ein Film namens „Hangover" in die Kinos kommen, dann hat der 1.FC Köln daran eine gewisse „Mitschuld" ... Hahahaha ....

Soweit der geheimnisvolle Brief eines Unbekannten. Steht hier die Wahrheit? Oder ist ein verwirrter Mensch am Werke gewesen. FC-Präsident Lukas Podolski meinte dazu nur: „Ist durchaus Insiderwissen mit dabei, ne. Dat kann aber auch ein Spinner gewesen sein!"

Wir bleiben für Sie am Ball und recherchieren weiter!

Daum im Tagebuch: „Blauer Pullover? Lächerlich!"

Von Magnus Brücken, Hans Verner,
Andreas Howbricks, Thorsten Spritmann

Nachdem im ersten Teil unserer bahnbrechenden Veröffentlichung der Daum-Tagebücher bereits heftige Reaktionen zu verspüren waren, möchten wir – trotz des Einfrierens der diplomatischen Beziehungen zwischen der Türkei und Deutschland – dennoch den zweiten Teil der Veröffentlichungen heute präsentieren.

Zur Erinnerung: Der Star-Trainer hatte den Verein Ende September 1986 übernommen und wieder in die Erfolgsspur zurückgebracht. Wir steigen nun wieder ein und entdecken zunächst Daums Reaktion auf die Verpflichtung von Udo Lattek als neuer Sport-Direktor.

EXZESS präsentiert:

17.03.1987

Liebes Tagebuch!

Ich bin am Ende, am Boden zerschmettert, … gescheitert. Fassungslosigkeit erfasst mich. Warum tut man mir das an? Ich rette mit meinen berückenden Trainer-Talent den FC, führe den Verein peu a peu wieder nach oben, … vor drei Tagen konnten wir –

Dank meiner cleveren Taktik - den scheinbar übermächtigen Bayern ein Unentschieden abtrotzen ...
und nun DAS!!!

Der Verein wird Udo Lattek einstellen! Als eine Art
Übertrainer, ein so genannter technischer Direktor.

Da hat man ein frisches, unverbrauchtes und wie
ich finde, auch sehr hübsch-männliches Trainerge-
sicht mit mir gefunden, der aufgrund seiner Klugheit
und Genialität noch dazu sportlich aabsolut unan-
tastbar ist ... und nun dieses.

Undankbar, mein Verein ist undankbar. Warum sägt man ein Loch in meine Trainerseele? Tue
ich nicht alles für diesen Verein? Gebe ich nicht das
allerletzte Hemd für den Club? Für ein Taschengeld
stelle ich dem FC meine überragende Kompetenz zur
Verfügung und zum Dank setzt man mir eine Mumie
vor, die ihre beste Zeit längst hinter sich hat.

Ich hasse alle! Und den Lattek sowieso!

Ich werde trotzdem weiterkämpfen, den ahnungs-
losen hier im Verein zeigen, dass sie einen großen
Fehler machen. Ein Christoph Daum wird es schaf-
fen. Es kann nur einen Sieger beim Duell Daum-Lat-
tek geben!

ICH !!!

2.8.1987

Liebes Tagebuch!

Ich als Trainer habe den Saisonstart erfolgreich
gestaltet und eine Granaten-Taktik zum Sieg entwor-
fen, bloß hat meine Mannschaft wohl nicht zugehört.
Das 1:1 in Karlsruhe ist mir zu wenig. Schuld hat Lat-

tek, der zwar ganz nett zu mir ist, mich aber nur sehr marginal huldigt. Das ist schlecht, denn die Mannschaft bekommt so etwas mit. Lange schaue ich mir das alles nicht mehr an.

Ach ja, der Lattek saß heute mit so einem furchtbar hässlichen, blauen Pullover im Stadion. Lächerlich! Alle Reporter haben sich schlapp gelacht und im Gegenzug meine schicke Piloten-Sonnenbrille bewundert. Auch modisch bin ich diesem Dinosaurier in blau weitaus überlegen. Kein Wunden, ... denn Ich bin ja Ich ...

23.08.1987

Liebes Tagebuch!

Gestern haben wir 2:0 gegen Uerdingen gewonnen. Kein Wunder, denn ich konnte durch mein exorbitant geniales Taktikwerk meinen „Kollegen" (ich nenne ihn mal so) Horst Köppel ganz locker übertölpeln. Wichtiger als das Ergebnis war aber das Mitwirken von Pierre Littbarski, den Ich dieser Tage aus Paris an den Rhein zurückgeholt habe. Ja, da staunst, du ... Tagebuch ... was ich für ein Fuchs bin. Es ist mir tatsächlich gelungen, diesen Coup zu landen. Was sagst Du? Genial? ... na gut, Du hast Recht!

Aber Tagebuch, das sage ich dir, diesen Lattek, den müssen wir im Auge behalten. Er will sich die Erfolge der letzten Wochen unter den Nagel reißen. Hat immer noch dieses Augen-Attentat in blau an und behauptet, das wäre der FC-Glückspullover. Da lachst du auch ... Jaaaa, du hast Recht !!! Das ist hirnrissig!

So will der Alte meine Erfolge für sich reklamieren. Lange mache ich das nicht mehr mit. Wer bin Ich denn?

Was sagst du? Ach so, ... Christoph, der Erste, King of Kölle!

Was soll ich sagen?

Du hast Recht!

13.09.1987

Hey Tagebuch!

Ich bin am Gipfel, Ich bin der Größte. Jaaaa, nur Ich! Warum, fragst du? Sach mal, liest du keine Zeitungen oder schaust fern? Die ganze Welt rund um Köln redet über mich und meinen FC. Wir haben Stuttgart geschlagen, gegen Leverkusen nicht verloren, in Dortmund gewonnen ... und gestern habe ICH es den Bayern gezeigt und sie in einer offenen Feldschlacht - mit etwas Mithilfe der Mannschaft - vernichtend mit 3:1 vom Platz gefegt.

Jetzt bist du platt, was?
Lattek? Was kommst du mir jetzt mit Lattek? Was hat der denn schon beigetragen? Ach, hör mir doch auf mit diesem Pullover! Hat der die Taktik entwickelt oder die Mannschaft auf- und eingestellt? Pullover. Paahh !!!

Dir kann ich es ja sagen, Tagebuch! Das Teil stinkt schon wie die Sau. Aber nicht nur, weil er das jetzt schon eine Ewigkeit lange trägt. Diese Woche hatte er das Ding im Geißbockheim mal ausgezogen ... und da habe Ich ihn mir geschnappt und mich draufge-

setzt und mehrfach... na ja.. ich hatte halt fiese Blä-
hungen. Ursel kocht in letzter Zeit viel mit Zwiebeln,
und deshalb...

Widerlich, der Gestank. Ich stelle fest, das Ich auch
in dieser Disziplin ganz sicher zur europäischen Spit-
ze gehöre. Wie in allen anderen Bereichen auch!

Jetzt hör mal zu, Tagebuch... es geht noch weiter.
Lattek macht mir gegenüber immer einen auf netten
Onkel... und ich spiele das Spiel für die Öffentlichkeit
mit. Aber zuletzt habe ich dem Thielen noch erzählt,
das sich Lattek in die taktischen Aufstellungen ein-
mischt. Gut, das stimmt nicht so ganz. Aber egal, der
Alte muss hier weg.
Was? Das ist gemein? Was soll denn diese polemische Scheiße, Tagebuch?

Ich dachte, auf DICH wäre Verlass. Fällst du mir
jetzt auch noch in den Rücken? Weißt du was? Du
brauchst mich mehr als ich dich. Schreib dir doch
mal selbst was hier rein, häääää...

Bin weg, viel Spaß beim sich mit sich selbst be-
schäftigen!

8.11.1987

Hallo Tagebuch!

ICH vergebe Dir!

Da Ich über Größe besitze, die du nicht haben
kannst, will ich mich ab sofort dir wieder anvertrau-
en. Ich hoffe, du hast die Zeit genutzt, um dir deine
Gedanken zu machen. Du hast dich beim letzten Mal
eklig verhalten, aber... Schwamm drüber!

Ich war in der Zwischenzeit sehr erfolgreich, habe Spiele gegen Mönchengladbach und gegen Hamburg erfolgreich gestalten können. Tja, Siege können zur Routine werden.

Leider hat es uns gestern erwischt, wir haben in Bremen mit 2:1 unverdient verloren. Wir sind aber böse beschissen worden, das habe ich auch in jede Kamera gesagt.

Steff Engels ist für einen freundlichen Schulterklapser gegen Uli Borowka doch tatsächlich vom Platz geflogen. Schiedsrichter Norbert Brückner muss derb betrunken gewesen sein. Der arme Steff war so deprimiert, ... da habe ich ihm erlaubt, für die Truppe und ihn selbst. mehrere Kränze Kölsch zu servieren. Das macht er sehr geschickt und es hat ihn auch wieder aufgebaut, vielleicht kann er diese Fähigkeit ja für ein späteres Leben nach seiner Profi-Karriere ja einmal sinnvoll einsetzen, wer weiß?

Wie du merkst, Tagebuch, bin ich gar nicht so übellaunig, das wir gestern verloren haben. Irgendwie war das selbst für einen wie ICH schwierig, die Bodenhaftung zu bewahren. Das ist mir aber, wie bisher immer, sehr gut gelungen.

Niederlagen gehören nun mal zum Beruf und zum Leben. Es dürfen halt bloß nicht so viele werden?

Lattek? Ahhh, ich dachte schon, du fragst gar nicht mehr. Ach weißt du, den habe ich mittlerweile im Sack. Der kuscht regelrecht vor mir, wie alle im Verein! Der stört mich gar nicht mehr und beobachtet in seinem Büro nur noch, wie der Staub auf die Akten rieselt. Von dem droht mir keine Gefahr mehr ... und sein Stinkepulli hat jetzt ausgedient. Daum sei Dank!

Nun denn, wir sind nun nach 15 Spieltagen Tabellendritter, mit nur zwei lebschen Punkten hinter dem Ersten. Die packe Ich mir aber noch!

Ich freue mich schon auf die Meisterschale, die sollte Ich dieses Jahr in die Höhe halten können. Das ist alles nur noch Formsache! Ich sage voraus: Ich, Christoph Daum und damit auch der 1.FC Köln, wir werden auf Jahre unschlagbar sein!
... und jetzt Tschüß, Tagebuch. Ich muss an meiner Dankesrede zum Trainer des Jahres feilen, die Wahl dazu erscheint mir sicher!

Damit kommen wir zum Ende des 2. Teils der Daum-Tagebuch Veröffentlichungen. Verpassen Sie nicht die Fortsetzung, welche dem Leser u.a. die Jagd des FC auf die Bayern sowie die Umstände rund um die legendäre Sportstudio-Sendung mit Jupp Heynckes und Uli Hoeness aus der ganz privaten Sicht des Christoph Daum näherbringt.

Madrid 1986 – Warum der FC im UEFA-Cup-Endspiel verlor!

Von Hans Verner, Andreas Howbricks

Wer erinnert sich nicht an das einzige europäische Finale des 1.FC Köln. 1986 spielte der FC in zwei Endspielen (Hin- und Rückspiel im jeweiligen Heimstadion der Vereine) gegen die große Mannschaft von Real Madrid. Dabei kassierte die Truppe um FC-Trainer Georg Kessler im Hinspiel im Bernabeu Stadion zu Madrid eine 1:5-Schlappe. Diese konnte im Rückspiel in Berlin (der FC hatte wegen angeblicher Fan-Ausschreitungen im Halbfinale überraschend eine Platzsperre erhalten) nicht ausgeglichen werden. Der 2:0-Sieg gegen Real war dann leider nur noch ein Sieg für die Statistik.

In den Aufzeichnungen, die im Geheimraum im Keller des Geißbockheims, gefunden wurde, befindet sich jedoch eine Abschrift, der Halbzeitansprache Georg Kesslers vom ersten Finale am 30. April 1986. In seinem Vortrag und den Dialogen der Spieler finden sich Hinweise auf eine sensationelle Einflussnahme, die diese happige Niederlage im Nachhinein erklären.

Auch diese Entdeckung wird dafür sorgen, dass die Geschichte des FC neu geschrieben werden muss. Aber lesen Sie selbst:

EXZESS präsentiert:

Kessler: So, Männer. Gutgemacht. Das große Real führt zwar mit

65

2:1, aber wir sind dank des Tores von Klaus Allofs noch gut im Spiel. Schade, dass wir die Führung nicht halten konnten. Dennoch ist hier noch alles möglich.

Dich, lieber Andreas, muss ich aber fragen, was läufst du so merkwürdig gehemmt auf dem Platz rum?

Gielchen: Ach, Trainer, … dat trau isch misch ja nit zu saren.

Toni Schumacher: Nu rück schon eruss, Ändie … misch interessiert dat och …

Gielchen: Na, also jut. Ich han en Problem, Trääner. Zueets dachte isch, dat lääsch an dem Publikum un an dä Atmosphäre he in dem jeilen Stadion vor 90.000. Ävver ming Probleem, is bestonn jeblivve. Fast die janze eetste Halbzeit hat isch en … nun ja, … körperlisches Jebreschen.

Kessler: Nun rück schon raus. Was ist es denn, vielleicht können wir ja was dran machen.

Gielchen: Isch han … ach nee, isch kann dat nit saren.

Schumacher: Nu stell disch nit esu aan, wie en Jungfrau vor dä Huhzicksnaach …

Gielchen: OK, ävver nit laache, ja?

Schumacher: Dun mer nit, Ändie!

Gielchen (leise und verschämt) : Isch han ne Latte bis nach Meppen!

Schweigen, Stille, … alle schauen betreten. Ralf Geilenkirchen meldet sich zu Wort.

Geilenkirchen: Wat meinst du damit, Ändie?
Schumacher: Dat fracht einer, dä Jeilenkirschen heiße däät. Dä Ändie hätt ene stonn! Hahahahaha … isch laach misch kapott!

Gielchen: Du wolltest doch nit lachen.

Schumacher: bei einem Meniskusschaden hätt isch och nit jelaach … un bei enem Pferdekuss och nit. Obwohl, mir hatten fröher vill Eifeler in dä Mannschaff. Die hätten och bei enem Päädskuss en Erektion bekomme … is ja bei denne mehr odder winnijer normaal!

Kessler: Ähm, Ändie, da können wir aber jetzt nicht helfen. Wo ist unser Mediziner?

Hönerbach: Ändie, jank doch janz schnell ens op dä Klo und lös dat Problem, wie et ene Mann löse deit, wenn kein Frauminsch do iss.

Schumacher: Jute Idee, danach is Rauh un du kanns widder öntlisch erumloofe …

Co-Trainer Christoph Daum meldet sich zu Wort

Daum: Das geht aber nicht, danach ist er definitiv nicht mehr leistungsfähig. Wissenschaftliche Studien haben ergeben, dass ein Mann nach einem … Höhepunkt … für einen Zeitraum von 1-2 Stunden 30% seiner Leistungskraft verliert, die sich erst langsam von Minute zu Minute wieder aufbaut.

Hönerbach: Na, dann isser ja bis zur Verlängerung widder janz der Alte …

Kessler: Ruuuhe! Eine Verlängerung gibt es heute ja nicht, da wir zwei Endspiele haben. Und … Herr Daum, junger Kollege, halten Sie sich mal zurück. Hier bestimme immer noch ich, wo es lang läuft. Oder meinen Sie etwa, ich hätte das mit den wissenschaftlichen Studien nicht gewusst.

Daum (errötend) : Tschuldigung, Herr Kessler.

Gielchen: Un wat maachen mir jetz … ?

Kessler: Auswechseln, tut mir leid … aber anders geht das nicht. Ich kann keinen Mann gebrauchen, der sich aufgrund einer dauerhaften anatomischen Veränderung, bzw. Vergrößerung kaum richtig bewegen kann. Bevor Kessler entscheiden kann, wen er auswechselt, meldet sich Abwehrspieler Karl Heinz Geils zu Wort.

Geils: Ähh, Herr Kessler, dann muss ich auch raus. Ich hab merkwürdigerweise das gleiche Problem wie der Ändie.

Schumacher: Ach nee, isch laach misch baal kapott, wat hann mir für ene jeile Truppe. War nix jäje disch, Kalle Jeils.

Kessler: Das darf ja wohl nicht wahr sein. Sind denn hier alle notgeil? Kommt ihr zu Hause nicht zu eurem Recht? Wer hat denn hier noch einen Dauerständer?

Zur Überraschung und zu einem Entsetzen gehen gleich mehrere Finger in die Höhe.

Kessler: Waaaas, ... Geils, Steiner, Prestin, Bein, Janßen und Gielchen. IHR ALLE SECHS HABT NE DAUERLATTE??? Wir haben EIN ENDSPIEL, LEUTE!!

Schumacher: Isch han ene Verdacht.

Kessler: Raus damit! Aber Dalli, die 2. Halbzeit geht gleich los!

Schumacher: Dä Co-Trainer hat hück Mittach, als Sie sich in ihrem Zimmer zwecks Taktikoptimierung enjesperrt han, Freiwillije jesöök, die an enem harmlosen, medizinischen Experiment mitmaache dunn.
Et jing um erlaubte Leistungssteigerung. Alle die, die jerad opjezeisch han, wore dabei ... un die komplette Ersatzspiller och ...

Kessler (laut kreischend) **:** Sie Kretin! Herr Jungkollege Daum, was haben Sie mit meinen Spielern gemacht, Sie Möchtegern?

Daum (stotternd) **:** Es, ... es ... es gi – ing um erlaubte Leistungssteigerung dank Sau- Sauerstoffzufuhr, Herr Kessler. Da wurde nur ein Sauerstoff-Gemisch mit einigen erlaubten medizinischen Präparaten inhaliert. Eine Art Sauerstoff-Dusche, die ...

Kessler: ... meine Spieler rallig macht! Daum, Sie sind wahnsinnig geworden! Warum sprechen Sie so etwas nicht mit mir ab? Aber antworten Sie erst gar nicht. Wir müssen jetzt Lösungen finden ... für die Standprobleme.

Gielchen: Die zweite Halbzeit jeht jleich los, Trainer ... ich zieh mir ens ene weitere Butz aan un jebe noch mal alles ... dazu stonn isch!

Geils: Ich auch!

Prestin: Sowieso! Ich gebe alles ... und die Senoritas im Stadion haben auch was davon, die gucken eh schon alle ... einige haben schon Zettel mit Telefonnummern auf den Rasen jeworfen.

Litti: Christoph, kann ich auch wat von dem Zeugs haben?

Icke Häßler: Icke ooch ...

Janßen: Der Butragueno und der Valdano gucken auch schon janz neidisch ... is doch ejal jetzt. Wenn mir schon unterjehen, dann wollen mir ja anschließend mit hoch erhobenem ... na ja ... vom Platz jehen.

Uwe Bein: Hab mir den kleinen Uwe gerade schon mit nem Gummi festgebunden. So müsste ich laufen können ...

Kessler: OK, Jungs, ... wir können nichts mehr machen. Schiedsrichter Courtney hat gerade schon zur 2. Halbzeit im Kabinengang gepfiffen. Wehrt euch tapfer euer Haut. Denkt daran, der Kopf ist normalerweise das dritte Bein. Heute HABT ihr dieses dritte Bein ... macht das Beste daraus. Und jetzt, zeigt den Spaniern, wer die potentere und erfolgsgeilere Mannschaft ist ...

Die Truppe verlässt die Kabine, einige gehen in der Tat etwas merkwürdig. Kessler schaut ihr skeptisch nach ... Daum wendet sich schüchtern an seinen Chef.

Daum: Herr Kessler, die Sache tut mir furchtbar leid, ich wollte wirk-

lich nur das Beste. Übrigens, ihr Spruch mit dem dritten Bein hat mir gefallen ... den merke ich mir für meine spätere Karriere ... noch mal, es
tut mir leid.

Kessler (winkt ab) : Papperlapapp ... wir gewinnen den Cup auch so,
aber beantworten Sie mir eines ...

Daum: Ja, was denn?

Kessler: Wie war die medizinische Zusammensetzung der Stoffe?
Also ... nur aus reinem Interesse, nicht, das ich das irgendwie ... na ja,
wie also?

Daum: Also, das war wie gesagt, der Sauerstoff, diverse Arzneistof-
fe, u.a. Sildenafil sowie Cyclisches Guanosin-monophosphat, Traubenzucker, Koffein ...

Die beiden gehen miteinander sprechend wieder der Mannschaft hinterher, um die 2. Halbzeit wieder aufzunehmen.

Hier endet dieses geschichtliche Dokument, welches die Niederlage in
Madrid sicher erklärt und relativiert. Unter „normalen Umständen" hätte der FC sicher besser ausgesehen und der Sieg in Berlin hätte zum Gewinn des europäischen Titels reichen können. Die stimulierende Wirkung
von Daums Sauerstoff-Gemisch hat dies leider – natürlich ungewollt –
verhindert.

Aber, unsere Recherchen haben erwiesen das Sildenafil sowie Cyclisches Guanosin-monophosphat später bei der Produktion von Viagra
eine sehr große und entscheidende Rolle spielte. Somit hat Christoph
Daum noch vor dem Pharmariesen Pfizer zufällig das Viagra empfunden.

Und die Spieler des 1.FC Köln von damals sollten sich nicht grämen,
sondern zu ihrer Leistung stehen. Immerhin hatten sie erstmals Stehplät-
ze mitten auf dem Rasen eines Endspielstadions!

Daum: „Habe den Angstschweiß von Heynckes gerochen."

Von Thorsten Spritmann, Hans Verner, Andreas Howbricks

Und weiter geht unsere Reihe mit den Tagebüchern des Christoph Daum. Nachdem der Star-Trainer seine Anfänge beim 1.FC Köln detailliert geschildert hat, können wir in Auszügen den Verlauf der fast gewonnenen Meisterschaft im Jahr 1989 verfolgen.

Interessant hierbei die Umstände vor der berühmt-berüchtigten ZDF-Sportstudio-Sendung sowie die Umstände, die zur Niederlage gegen die Bayern geführt haben.

Waren da etwa unlautere Mittel im Spiel? Lesen Sie selbst:

EXZESS präsentiert:

14.5.1989

Hello again, Tagebuch!

ICH packe sie … die Bayern sind fällig! Gestern, am 29. Spieltag bin ICH bis auf einen Punkt an diese süddeutschen Pest-Fußballer heran gekommen. Ich rieche den Angstschweiß von Jupp Heynckes und auch den stinkenden Mundgeruch von

Uli Hoeness, dessen Futterluke vor lauter Staunen ob meiner himmlisch-verbalen Fähigkeiten permanent offen stehen bleibt. Die peinlichen Lederhosen der Bayern sind voll mit Dünnpfiff und genau so spielen sie auch. Gestern haben sie es mit einer 2:0-Niederlage bei den Stuttgarter Kickers verkackt. Damit ist mir ... und irgendwie auch meiner Mannschaft ... die Meisterschale quasi nicht mehr zu nehmen!

Ich habe natürlich meine Elf wieder phantastisch eingestellt. Diesmal habe ich nicht, wie in Bremen Geldscheine an die Kabinentür genagelt, sondern jedem Spieler eine Luxusreise nach Zypern versprochen. Immerhin nennt man Zypern ja „die Insel der Götter". Wie passend für einen wie ICH und seinen menschlichen Werkzeugen auf dem Fußballplatz.

Ich habe dies der Presse diesmal nicht erzählt, lediglich dem Kölner Alt-Internationalen Wolfgang Overath, der diese Idee auch klasse fand und meinte, das man auf Zypern vielleicht sogar FC-Sponsoren finden könne. Das aber ist im Moment nicht so wichtig!

Meine Truppe hat Dortmund ganz locker mit 2:0 weggeputzt. Ich war mir aber auch sicher, dass ich gegen diese graue Maus keine Probleme haben werde. Mit einem wie Horst Köppel als eigenen Trainer brauchst du als Verein keine Feinde mehr.

Ich bin übrigens überall im Gespräch (wen wundert's?). Ganz Deutschland redet über mich und über meine rhetorische Überlegenheit gegenüber dieser Schlaftablette namens Heynckes. Dem bin ich so meilenweit verbal überlegen, das es schon fast langweilig wird.

Ob ich es überziehe? Sag mal, ... Buch ... was soll denn die Frage?

Ich könnte überdrehen? Wie kommt man denn auf so einen Unsinn?

Beleidigt? Den Heynckes? Ach, du meinst meinen Spruch wegen Wetterkarte wäre interessanter als ein Gespräch mit Heynckes und die Sache mit der Gehirnwindung, die nach dem Sieg in Mailand mal mehr durchblutet war ... das sind doch bitte keine Beleidigungen!

Was das sonst ist?

Tatsachen!!! Wenn du Fakten verbal untermauerst, dann beleidigst du doch niemanden!

Ich weiß nur eines, die Unsterblichkeit ist jetzt und hier ...was ??? Kalenderspruch ??? Neeeeein, das ist von mir!!

Ich bin mir aber sicher, wir packen die Bayern, und der Deutsche Meister des Jahres wird Christoph Daum heißen ... was ??? Ach ja, und auch 1.FC Köln! Ganz sicher!

19.5.1989

Du, ... Tagebuch, ... Ich bin in das Aktuelle Sportstudio eingeladen, Ich wurde eben von Moderator Bernd Heller angerufen und gefragt ob ich mit einer Runde mit Heynckes, Lattek und Hoeness mitmache. Ich habe generös, aber mit Freuden zugesagt.

Ich werde dieses Rededuell natürlich für mich entscheiden, muss aber nun ein wenig üben. Roland Koch übernimmt das Abschlusstraining für unser Spiel in Hannover morgen. Das sollte kein Problem werden, das bekommt auch mein treuer Vasall hin. Ich hingegen muss mich auf das Gespräch im Sportstudio intensiv vorbereiten.

Warum fragst du?

Du hast Recht, ich bin ihnen allen meilenweit überlegen. Aber trotzdem möchte ich nichts dem Zufall überlassen und daher bereite ich mich doch lieber in Testgesprächen vor. Ursel muss helfen, sie spielt im Testgespräch den Heynckes. Ursel hat ähnlich bzw. genau so viel Ahnung vom Fußball wie Heynckes, daher ist sie die perfekte Besetzung. Mal sehen, wen ich als Hoeness nehme, und wer den Lattek macht.

Der Sportstudio-Termin ist wichtiger als das Hannover-Spiel, Ich werde die Runde bestimmen und alle anderen in der Runde zerbröseln...

Warum?

Weil ich ICH bin!

20.5.1989 ... 21.00 Uhr

Hör mal Tagebuch ... ich bin soeben in Mainz angekommen und gleich beginnt das Sportstudio. Moderator Bernd Heller ist auch da und hat mich bereits begrüßt. Noch kein Hoeness oder Heynckes zu sehen.

Oh, ich bin soooooo heiß ... ich will sie bluten sehen!

Du findest das albern, Gabetuch?

Dummerweise hat mein Training gestern nicht so gut geklappt. Ursel war sauer, als ich sie Valium—äquivalent genannt habe. Damit war Heynckes gemeint, aber Ursel hat das nicht als Rollenspiel verstanden. Ich glaube, ich lasse den Ausdruck weg und belasse es bei normalen Angriffen, mal sehen.

Leider haben wir heute nur 2:2 in Hannover gespielt und die Bayern haben dummerweise gewonnen. Roland Koch hat da gestern wohl versagt, jetzt muss ICH es aus dem Feuer reißen. Ist aber reine Formsache!

Ah, da hinten kommen Heynckes und Hoeness, ich höre auf zu schreiben und trete ihnen milde und überlegen lächelnd entgegen. Alles weitere dann später.

21.5.1989

Tagebuch, bist du da?

Antworte doch!

Redest du nicht mehr mit mir? OK, dann fange ich einfach mal an. Also, mein Auftritt beim gestrigen Aktuellen Sportstudio war ein voller Erfolg. Ich habe die Runde zu jeder Zeit im Griff gehabt. Kein Wunder, meine Moral stimmte, mein Enthusiasmus war extrem ausgeprägt. Ich war auch sehr leidenschaftlich und optimistisch. Die Zuschauer vor Ort haben mich mit Sprechchören gefeiert. Ich habe auch nichts anderes erwartet und außerdem ... was?

Wie es genau war?

Ich habe den Bayern-Granden erstmal klar gemacht, dass sie nicht die Höhe der Gürtellinie definieren. Tagebuch, du hättest hören sollen, wie das Publikum gejohlt hat. Hoeness hat dann seinen Spickzettel raus geholt und - lesen kann er ja - die Dinge vorgelesen, die ich Heynckes richtigerweise vorgehalten habe. Also die Werbung für Schlaftabletten, dünnhäutig, Wetterkarte, Sieg über Mailand, … Hirnwindung kaputt und so. Aber dann habe ich Hoeness einen vor den Latz geballert und ihm gesagt, dass es schön ist, dass er vorbereitet ist, sonst käme er ja nicht über die Runden. Ich gebe zu, … trotz meiner mir gegebenen Genügsamkeit fand ich mich mal wieder richtig gut … und … wie?

Nein, ich habe das Wort „OSRAM" vermieden habe aber eine gewisse Beleuchtungs-Art und Weise ins Spiel gebracht, wieder ein Punkt für mich …

Hoeness? Was soll der schon gesagt haben? Kam mit so einem Satz wie „Für dich gelten Gesetze, mein lieber Freund!" und meinen Charakter hat er angezweifelt. Da kann ich nur lachen. Ich kann mir von Hoeness nichts über Charakter sagen lassen. Genau das habe ich dem Lederhosen-Lulli auch gesagt.

Was Lattek gesagt hast willst du wissen? Ach ja, der war ja auch da. War froh, dass ICH den Bayern den Kampf angesagt habe und dass es Zeit wurde, dass einer den Mut hat. Dann behauptet der doch glatt, ich hätte von ihm gelernt. Dieser Stümper im diesmal dunkelblauen Pulli, bääh.

Ob das alles von mir war? Sag mal Tagebuch, hast du noch alle Latten am Zaun? Das war doch schon gi-gan-tisch! Aber das war es natürlich noch nicht. Ich habe dem Uli noch klar gemacht, dass auch er mich nicht von meinem Weg abbringen wird. Seinen müden Konter a ´la „Am Donnerstag ist dein Weg zu Ende" hat dann meine 15köpfige Supporter-Truppe aus dem alten Wartesaal mit dem „Lederhosen-Ausziehen-Song" beantwortet. Da konnte ich mich mal eine Sekunde zurücklehnen.

Ach was, Heynckes! Der saß nur dumm rum wie Klein-Doofie und hat fast nichts gesagt. OK, kam auch kaum Blödsinn raus. Bis er dann stotterte, ich hätte noch nichts für den deutschen Fußball geleistet. Da hat er aber einen Konter der Titanenart bekommen: „Häßler, Illgner, Kohler ... hoffentlich wirst du den in München noch erleben", habe ich ihm dann entgegengedonnert. Habe ihm klargemacht, dass ich einen hohen Anteil am Ansehen des deutschen Fußballs, habe. Daran wird die Weltöffentlichkeit aber eh keinen Zweifel haben.
Ach, der Konter von Hoeness war schwach. „Du überschätzt dich hier maßlos ... das ist ein Ball über dir in der Deko und kein Heiligenschein."

Was? Das ist doch keine gute Parade von Hoeness gewesen. Auf wessen Seit bist du eigentlich, Tagebuch? Aber ich kann dir ja mal erklären, wie ein richtiger Konter aussieht. Willst du wissen, was darauf geantwortet habe?

Wie ...? Wenn es sein muss? Was erlaubst du dir? Aber ich sage es dir trotzdem. Ich habe gesagt: „Um das Maß an Selbstüberschätzung zu erreichen, muss sich 100 Jahre alt werden." Das Publikum johlte ... und ich habe gespürt: ICH bin der Größte!

Ja, es ging noch weiter, der Rest aber war Bla Bla, ich habe den Bayern klargemacht, dass sie sich warm anziehen können.

Ach Tagebuch. Es war toll! Ich merke es immer mehr. Der gesamte Fußball profitiert von MIR! Nicht nur der FC. ICH bin ganz sicher, das Ich nun Deutscher Meister werde! Das wird ein Fest....

Waaaas? Ich habe übertrieben und mich schlecht benommen? Jetzt reicht es aber, Tagebuch! Ich lege einen historischen Auftritt hin und anstatt berechtigtes Lob zu erhalten, muss ich mir deine billige Polemik anhören. Damit ist jetzt Schluss. Wir sind geschiedene Leute!

Nein, ich bin nicht verrückt. Und jetzt lass mich in Ruhe. Ich will einfach nicht mehr! Tschüss !!!

Lass mich jetzt endlich in Ruhe!

22.5.1989

Nein, wir müssen nicht drüber reden, denn ich rede nicht mehr mit dir! Es wird nie wieder wie früher sein!

23.5.1989

Leck mich an meinem Trainer-Hintern!

24.5.1989

Hör auf, mich ständig anzurufen, um dann aufzulegen! Es ist vorbei!

25.5.1989

Ja, heute ist der Tag X, aber DIR erzähle ich davon nichts. Nur soviel, heute sichere ICH mir meine Meisterschaft!

26.5.1989

Ach Tagebuch, ... ich bin leer, einsam und verlassen.

Zunächst mal, ich vergebe dir, ... OK, ein Danke wäre nett gewesen, aber auch das will ich dir nachsehen.

Es wurde 1:3 verloren, trotz meiner formidablen Taktik, trotz meines aufreibenden Kampfes gegen die süddeutsche Titelmaschine aus München, konnte die Mannschaft meine Trainer-Überlegenheit nicht ausspielen.

Warum muss der dicke Wohlfahrt, der wochenlang keinen Möbelwagen getroffen hat, ausgerechnet gegen mich aus seinem Tor-Koma erwachen? Warum?

Und dieser Heynckes tanzt mit den Bayern-Spielern auf dem Rasen des Müngersdorfer Stadions. AUF MEINEM HEILIGEN RASEN!!!! Dabei hat er vor Freude geleuchtet wie ein Flutlichtmast. Nur in Rot ... diese Pestbeule!

Dabei fing alles so gut an.

Stell dir vor, zu Beginn war sogar der Bundespräsident, Richard von Weizsäcker, im Stadion vor Ort. Natürlich habe ich die Chance genutzt, um mit ihm ein paar Takte zu reden. Eine gute Stunde lang habe ich ihm kluge Ratschläge in Sachen moderner Menschenführung und Durchsetzung eigener Politik geben können. Ich bin fest überzeugt, wenn er sich an meine Direktiven hält, dann wird Deutschland ab sofort besser regiert werden. Gut, ich habe dadurch kaum noch Zeit gehabt, die Mannschaft einzustellen, aber in diesem Moment war das Schicksal unserer Nation von mir priorisiert worden. Sollte es einmal zu einer Wiedervereinigung Deutschlands kommen, die ja in diesen Tagen schon mal diskutiert wird, so werde ich meinen Beitrag geleistet haben. Für mich war das eine Herzensangelegenheit!

Nun denn, da ich vor dem Spiel so wenig Zeit für die Mannschaft hatte, so war es doch verwunderlich, wie einige meiner Spieler über den Platz schlichen. Mir wurde schnell klar, ... die Bayern haben mit unredlichen Mitteln gearbeitet. Ich bin fest davon überzeugt, das meine Mannschaft vergiftet wurde, mit irgendwelchen Schlafmitteln ... ganz sicher. Sonst wäre das nie so gekommen, da ICH ihnen ja überlegen bin und meine Spieler optimal vorbereitet waren.

Also habe ich in der Pause reagiert und habe von unserem Mediziner einen Daum-Spezial-Cocktail mischen lassen. Eine Mischung aus Traubenzucker, Cola, Kaffee und auch ein wenig aus Muntermachern der chemisch-pharmazeutischen Industrie.
Was? Gewissensbisse? Betrug?
Moment, Tagebuch ... soooo nicht! Aaabsolute Unverschämtheit. Ich habe mich nur gewehrt, es war doch offensichtlich, das die Bayern ...
Nein, ich habe keine Beweise, dass die Bayern unsere Mannschaft manipuliert haben. Ein ICH

braucht keine Beweise, denn ICH bin ja ICH. ICH weiß alles!

Übergeschnappt? ICH?

Du bist ja irre, du dummes, untaugliches, polemisches Tagebuch. Wie kam ich auf die Idee, du könntest helfen? Jetzt ist Schluss, und du kommst in den Müll.

Ciao, stupido!

Damit sind wir beim Schluss des 3. Teils der Daum-Tagebuch- Veröffentlichungen. Scheinbar hat der Welt-Trainer seine Tagebuch-Eintragungen beendet. Aber keine Sorge, er hat sich später mit dem Tagebuch wieder versöhnt und er hat weiter geschrieben! Verpassen Sie nicht die weitere Fortsetzung, wo es um Gespräche mit der Familie Häßler und der Entlassung Christoph Daums in Erba geht.

Nun ist es raus: DFB hasst den 1.FC Köln!

Von Magnus Brücken

Am 4.9.1993 verlor der 1.FC Köln sein Bundesligaspiel beim rheinischen Rivalen Bayer Leverkusen mit 2:1. Ärgerlich an der Niederlage war insbesondere die Rote Karte für Kölns Sturm-Idol Toni Polster, der dann auch anschließend vom DFB-Schiedsgericht für gleich acht Wochen gesperrt wurde.

So lange wollte der FC nicht auf seinen wichtigsten Mann verzichten, daher versuchte man mit aller Macht, die Sperre zu verhindern oder wenigstens die Laufzeit zu minimieren. Mit großer Akribie stellte ein Mitarbeiter im Geißbockheim eine Video-Kasette mit der Aufzeichnung des Spiels zusammen, die Aufnahmen sollten beweisen, dass die Rote Karte unberechtigt war.

Am entscheidenden Tag machten sich Toni Polster und Geschäftsführer Wolfgang Schänzler auf den Weg nach Frankfurt, um sich dort dem strengen DFB-Schiedsgericht zu stellen. Im Gepäck, ein VHS Videoband, welches Schänzler schnell noch vom Schreibtisch des Präsidenten, Klaus Hartmann, mitnahm.

Uns liegt nun ein Dokument vor, in dem Präsident Klaus Hartmann, Manager Bernd Cullmann (hatte zum 1. September 93 sein Amt angetreten) und U23-Trainer Stephan Engels auf die Rückkehr von Polster und Schänzler warteten ... die dann auch kurz darauf eintrafen. Die Abschrift der Dialoge können Sie hier nun einsehen:

EXZESS präsentiert:

Hartmann: Na, da bin ich aber mal jespannt, wat bei der Sache in Frankfurt heute erausjekommen is.

Cullmann: Der DFB is normalerweise nit sehr kulant. Da muss man schon wirklich jutes Material präsentieren ...

Engels: Dat is ja jar kein Problem, mer han supper Mitschnitte zesammejestellt ... isch han dann däm Praktiker och jezeischt, wie mer dat machen tut.

Cullmann: Du meinst, dem Praktikanten, Steff!

Engels: Stimmp, dat iss ene rischtije Kante! Locker 1,95 jroß un Muskele, dat mer Angs krieje kann ...

Hartmann: Wie auch immer, jedenfalls wäre schon eine Reduzierung der Strafe wichtich. Den Polster, den brauchen wir, der is uns Lebensversicherung.

Cullmann: Hoffen wir das Beste.

Hartmann: Was ist das eigentlich noch für ein Videoband, was hier bei mir noch auf dem Schreibtisch liegt, ... kann mir das einer beantworten?

Engels: Dat mööt dat Band sin, wat isch mir für minge Herrenabend mit aahle Kumpels us Mondörp zesammejestellt han. Dä Praktikant un isch, han dat alles in einem Rötsch jemaat. Eets das wischtije Band für dä DeEffBee, dann dat Band mit dä Mussik.

Hartmann (liest vom Aufkleber auf der VHS) : Bläck Fööss, King Size Dick un andere kölsche Kracher .... Na gut, das Schänzler nicht versehentlich DAS hier mitgenommen hat.

Cullmann: Daran möchte ich noch nit einmal denken. Was wäre DAS für eine Blamaasch, wenn da das Bläck Fööss-Video laufen würde.

Engels: Wieso, ... iss doch schöön?

Hartmann: Ach, Herr Engels. Wir haben ja noch etwas Zeit, wären Sie so nett, das Band einmal einzulegen. Wir können uns ja die Wartezeit mit etwas Musik vertreiben ...

Engels: Klar, mach isch ...

Engels geht zum Videorekorder, der direkt unter dem Fernseher im Präsidentenbüro steht und legt das Band ein, schaltet den Fernseher in den On-Betrieb und wartet darauf, das die Musik los geht.

Engels: Aanfange mööt et mit „Et Spanien-Leed" .. Spanien .. Olé, ... jetz jeiht et av!

Anstatt der Bläck Fööss erscheint aber niemand anderes als Toni Polster, der Paulo Sergio umnietet und dafür Rot kassiert. In mehreren Wiederholungen wird gezeigt, dass dieses Foul wohl nicht so schlimm war. Von den Bläck Fööss oder King Size Dick jedoch keine Spur ... es herrsch lastende Stille im Büro des Präsidenten. Cullmann findet seine Sprache als erster, wenn auch mühsam, wieder ...

Cullmann: Leute, denkt ihr auch, was ich gerade denke ... ?

Engels: Isch denk jenau, wat du im Momang denks, Bernd. NIEMALS wor dat ROT! Wenn mer jemein is, dann wor et maximal jelb. Der Schiri Hans-Peter Best wor schon immer jejen uns, und he kann mer eindeutisch sinn, datt ....

Cullmann: Steeeefff ... sach mal, merkste noch wat? Dat iss dat falsche Band!!!

Engels: Enää, is doch rischtisch ... wenn dat die Kommission in Franfurt sieht .... (stockt) ... ach du leeven Jott, wie künne die dat üvverhaup sinn, wenn mir dat he sinn ...?

Cullmann: Oh Jott, Oh Jott, ... un dat direkt am Anfang meiner Manager-Karriere, dat bleibt ewisch an mir haften.

Hartmann: Langsam, ... sind Sie alle sicher, dass Schänzler nun das Bläck Föss-Video mitgenommen hat? Vielleicht sind ja auch zwei Bänder mit Entlastungsmaterial angefertigt worden.

Engels: Enää. Isch wor ja dobei ... un isch han wohl die Aufkleber vertauscht. Oder die Bänder? Oder beides? Och nee ... wat machen isch dann jetz? Isch han minge Mondörper doch versproche, dat mir dat Bläck Fööss-Videlio gucke dunn ...
Bevor Cullmann Engels zurechtweisen kann, hört man deutlich Gesang aus dem Treppenhaus ... man erkennt tatsächlich das Spanien-Lied der Bläck Fööss, gesungen von deutlich angetrunkenen Männern ... die Tür öffnet sich, zu erkennen sind DFB-Chefankläger Horst Hilpert sowie seine Mitarbeiter des Kontrollausschusses Hans Müller und Fritz Schneider. Dahinter erscheinen auch Toni Polster und Wolfgang Schänzler im Türrahmen.

Die drei hochrangigen DFB-Mitarbeiter singen ...

„Ne, ne Marie ... is dat nit schöön, üverall nur kölsche Tön ... ne he süüht et wirklich uss, wie bei uns zuhuss ...“

Hartmann: Was ist denn hier los? Meine Herren, ich muss doch sehr bitten ...

Toni Polster: I konn dös alls erklörn ... Herr Preesideent!

„Schpanien, Olé ...“ schreien die drei DFB-Mitarbeiter.

Schänzler: Es is wohl besser, wenn ich die drei Herren zu unserem Restaurant Geißbockheim bringe, da können sie noch einen zu sich nehmen und Toni erklärt inzwischen alles!

Hilpert: Hicks, Jawoll, ... wir trinken noch einen. ... Drink doch eene mit, stell disch nit esu aaan, du stehst he die janze Zick erööm ... wo müssen mer lang?

Schänzler: Einfach mir hinterher, der eine pack den anderen an der Schulter, un loss jeht et: „Hier fliejen jleisch, die Roten Karten aus der Tasche ... und Schiii – r - i Beeeest, dat iss ne Flasche, dat weiß janz Wuppertaaaal ..."

Polonäsetanzend und singend verlässt die Gruppe das Präsidentenbüro und hinterlässt lauter fragende Gesichter. Man hört die Gruppe noch weiter singen, dann lautes Gepolter, da ist wohl einer die Treppe herunter gefallen, aber ein „nix passiiiert" beruhigt die Gruppe um Präsident Hartmann, der nun Erklärungen fordert:

Hartmann: Herr Polster, Sie sind uns eine Erklärung schuldig. Wir hören ...

Polster: Jo, wir hott'n dös falsche Bandel bei uns, und als dös dann im Feernseher lief, do wurd mir un dem Scheeenzler ganz anders ... dör Hilpert woar zunächst ganz schön bös' ...

Cullmann: Und dann ... ?

Polster: Nu, wir haben in der Not erklörn müssn, des wir schon auf unserem Proteest verzichtet hob'n und stattdeessen unsere rheinsche Oart präsentieren wollt'n. Dazu ist dem Scheenzler oig'gfallen, dös er noch a Fasserl bayrisches Starkbier vom Kloster Andechs im Koofferraum hatte. Dös hob'n wir geholt und den Heerrschaft'n ols „Schwarzkölsch" ongebod'n.

Engels: Schwarzkölsch? Süch ens aan, isch wußt ja nit, dat et esujet jibt.

Cullmann: Jibt et auch nit, Steff. Das war ne Notlüge von unseren Helden hier. Toni, gar nicht schlecht reagiert. Aber warum sind die Kameraden so stramm? Haben die nach einem mal probieren Jeschmack an der Sache jefunden?

Polster: Und wie! De hobn nach wenign Schluckn schon de Hackn dicht und warn schnell total betrunkn. Starkbier holt ... de woitn nur nippn, aba aus dem nippn wurdn schnell kippn.

Engels: Un warum habt ihr die mitgebracht?

Polster: Die hobn uns mit hier hin gebracht. Nachdem sie mit uns die gonzen kölschn Lieder vom Band mitgesung'n hobn, hattn's nur noch dön oinen Gedankn. Ob ins gelobte Land und Köln live erlebn. Da konntn wir gar nichts gög'n mochn.

Engels: Ja, un watt maachen mer jetz mit dä drei Tünnesse? Esu voll wie die sin, kann mer die doch nit allein looße ...?

Polster: I würd ja mit dön Heerschaft'n in die Innenstodt fohrn, um dönen Köln zu zeigen ... soll i dös moch'n, Heerr Preessideent?

Hartmann: Tun Sie das, Herr Polster. Nehmen Sie sich ein Taxi und führen Sie die Herren in die Stadt ein. Aber bitte nur seriöse Etablissements. Nicht, das der FC noch Ärger bekommt ... und wir gehen jetzt alle in das Restaurant Geißbockheim, um den Herren die Wartezeit auf das Taxi zu verkürzen und es ihnen so angenehm wie möglich zu machen ...

Alle verließen den Raum, die Dokumentation endete hier.
Aber EXZESS liegt ein weiteres Dokument vor, welches sich auf dieses Meeting bezieht und welches die Folgen dieser Geschichte auflistet.

Machen Sie sich auf eine Sensation gefasst!

EXZESS präsentiert den Original-Brief des DFB:

An den
1.FC Köln
Franz-Kremer-Allee 1

50937 Köln

Sehr geehrte Damen und Herren,

das DFB-Schiedsgericht verpflichtet den 1.FC Köln hiermit verbindlich zu einer Strafzahlung von 1,5 Millionen DM. Die Zahlung muss bis zum 31.10.1993 auf dem Konto des Deutschen Fußball-Bundes geleistet werden. Die Kontonummern entnehmen Sie dem Briefkopf. Gegen dieses Urteil kann nicht Einspruch erhoben werden:

Begründung:

Durch die von Ihren Mitarbeitern Anton Polster (Lizenzspieler) und Wolfgang Schänzler (Geschäftsführer) herbeigeführte Aktion, den DFB-Mitarbeiter Horst Hilpert sowie seine Mitarbeitern im Kontrollausschuss, Hans Müller und Fritz Schneider beträchtliche Mengen hochprozentigen Alkohol zugeführt zu haben, hat sich der Verein im hohen Maße strafbar gemacht.

Erschwerend hinzu kommt der Tatbestand der Entführung, die auf einer durch Ihre Mitarbeiter zu verantwortende Unzurechnungsfähigkeit basierte. Die drei Herren nach Köln zu verschleppen, ist eine nicht zu billigende Tat, die sich strafsteigernd ausgewirkt hat.

Ebenfalls im Strafmaß inbegriffen, ist der weitere Verlauf des Abends, als Ihr Mitarbeiter Anton Polster die drei Herren des DFB auf der Bühne eines Kölner Lokals der Lächerlichkeit preisgab und sie in ihrem bedauernswerten Zustand mit der Gruppe „Die fabulösen Thekenschlampen" zusammenführte. Durch den gemeinsamen Gesang mit diesen Damen, vor dem ausverkauften Hause, wurde die Würde unserer hochrangigen Mitarbeiter ein weiteres Mal verletzt. Erst recht, als Herr Hilpert, von Drogen gezeichnet, begann, zu einem Strip anzusetzen. Spätestens hier hat Herr Polster ein weiteres Mal seine Aufsichtspflicht verletzt. Anstatt

„Zugabe, Zugabe" zu rufen, hätte Ihr Mitarbeiter einschreiten und die weitere Peinlichkeit verhindern müssen.

Es hätte auch zu ihren Pflichten gehört, unseren Mitarbeitern eine Schlafstätte zukommen zu lassen. Es war auch nicht in Ordnung, dass niemand aus Ihrem Verein sich dazu herablassen konnte, unseren Kollegen vor dem Zugriff der Polizei zu schützen. Es hätte unbedingt verhindert werden müssen, dass unsere Mitarbeiter sich der Festnahme mit Tritten, Bissen und Karateschlägen widersetzen. Auch die Nacht in der Ausnüchterungszelle und die darauf folgende Anklage hätte verhindert werden können, wenn Ihre Mitarbeiter nicht Beifall klatschend daneben gestanden hätten.

Auch der moralische Schaden, der angerichtet wurde, ist berücksichtig worden. Durch diese Nacht sind unsere Mitarbeiter Köln-traumatisiert. Natürlich soll das nicht heißen, dass wir nun für alle Zeiten Ihnen nicht genehme Schiedsrichter zuführen oder Proteste Ihrerseits anders behandeln. Dennoch dürften bei vielen Mitarbeitern des DFB gemischte Gefühle hochkommen, wenn Sie den Begriff „1.FC Köln" hören.

Wie Sie erkennen können, ist das Strafmaß sicher nicht zu hoch gegriffen. Wir weisen darauf hin, dass es Ihnen für eine Laufzeit von 20 Jahren nicht erlaubt ist, diesen Vorfall öffentlich zu machen. Sollte dies geschehen, wird dem 1.FC Köln unweigerlich die Lizenz entzogen!

Wir hoffen, in Ihrem Sinne, dass so etwas nie wieder geschieht. Dennoch verbleiben wir

Hochachtungsvoll

DFB-Zentrale Frankfurt am Main
Präsident / Egidius Braun

PS: Siehe Anlage, persönlicher Kurzbrief des Präsidenten (nicht dokumentiert und archiviert)

Kurzbrief:

Sportskameraden des FC, wie ihr wisst, war ich von 83-87 selbst im Verwaltungsrat beim FC. Ohne mich hätten die euch hier im DFB den Laden dicht gemacht. Hier waren wirklich alle ziemlich böse und sauer und sie sind es noch.

Dennoch, und ganz unter uns: Ich habe mich kaputtgelacht, als ich das mit Hilpert erfahren habe ... seit Tagen kann ich vor lauter Lachen kaum schlafen und muss mich bei Besprechungen mit Hilpert manchmal in den Arm kneifen, damit ich nicht losbrülle ... seinen Strip hätte ich zu gerne gesehen. Zugabe, Zugabe ...

Ihr seid alle herrlisch bekloppt!

Euer Egidius
Damit ist nun auch die wahre Geschichte hinter der Geschichte um Toni Polsters Rote Karte und die launige Bläck Fööss-Video - Legende in ein anderes Licht gerückt worden. Fast hätte der 1. FC Köln seine Lizenz verloren.

Schlimm genug, dass es zu der empfindlichen Geldstrafe gekommen ist. Denn der Verein war seinerzeit finanziell nicht gut aufgestellt und konnte daraufhin keine guten Spieler verpflichten.

Somit war auch dieser Tag einer, der die Historie des 1.FC Köln nachhaltig verändert hat!

Daum: „Warum ich den 1.FC Köln verfluche"

Von Magnus Brücken, Hans Verner,
Andreas Howbricks, Thorsten Spritmann

Sie warten wahrscheinlich schon gespannt auf die Fortsetzung der Daum-Tagebücher. Zu Recht, denn nun geht es in die Endphase der ersten Trainerjahre des großen Trainers des 1.FC Köln. Erleben Sie heute, wie Christoph Daum seine letzten Monate beim Verein seines Herzens erlebte und wie es letzten Endes zum großen Bruch kam.

Drama-Garantie!

EXZESS präsentiert:

3. Mai 1990

Moin, Tagebuch...

Heute will ich das Sportliche mal außen vor halten ... zwar haben wir vorgestern gegen Waldhof Mannheim mit 6:0 gewonnen (sollte unser Standardergebnis werden) und Falko Götz hat sogar 4x getroffen (wurde auch Zeit), dennoch bin ich verärgert.

Kapiert das dumme Köln eigentlich nicht, was ICH und wir leisten? Ganze 6.000 jämmerliche Zuschauer verloren sich im weiten Rund. Ich weiß langsam nicht mehr, ob man mich hier noch verdient!

Das aber nur am Rande, es gibt noch etwas anderes zu erzählen.

In letzter Zeit hatte ich das Gefühl, das man meine verdiente und logische Vormachtstellung im Verein mit Argwohn sieht. Nun ist es passiert! Man hat mich meiner Managerfunktion entbunden und mich abgemahnt!
MICH !!!

Diese Demütigung seitens des ahnungs- und hirnbefreiten Präsidenten A.B. kann ich doch auf keinen Fall auf mir sitzen lassen, oder?

Warum? ... weiß nicht, vielleicht habe ich mal seine Frau eine Sekunde zu lange angesehen, oder die Tochter?

Nein, Tagebuch ... im Ernst. Man hat einfach Angst vor mir, weil ich zu gut für diesen Verein bin. Meine berechtigte und durch überragend-brillante Leistungen zementierte Allmacht ist einigen geistigen Tieffliegern ein Dorn im Auge. Es passt den Herren rund um A.B. nicht, dass ich diesen Verein quasi im Alleingang führe und sie überflüssig mache. Was sie übrigens auch sind!

Ich soll konkreter werden, sagst du? Kein Problem, ... wie dir ja bekannt ist, halte ich mich gerne in einem Hotel in der Südstadt auf. Dort kann ich auf viele Art und Weisen vom Stress einmal abschalten, meine klare Linie wiederfinden und durch gewisse Leibesertüchtigungen ganz besonders gut entspannen ...

Details? Neeeein, ... alles musst du auch nicht wissen, du schlimmes Tagebuch ... ☺

Zur Sache: Vor nicht allzu langer Zeit habe ich mich dort mit Thomas Häßler und seiner Frau Angela Häßler getro... WAAAS?

Was soll das heißen, Thomas war also diesmal ausnahmsweise dabei? Schon wieder diese polemische Scheiße. Lass das, Tagebuch!

Gut, deine Entschuldigung ist akzeptiert. Also weiter: Es ist dir und vielen anderen ja bekannt, das Thomas Häßler als Spieler des 1.FC Köln nicht mehr zu halten ist. Und das ist auch gut so, denn er bringt mir und dem Verein viel, viel Geld. Und natürlich berate ich Thomas väterlich nebenbei, ... und diesen Mehraufwand muss man ja irgendwie auch mal in einer gewissen Art und Weise entlohnt bekommen.

Darüber haben Thomas, Angela und ich unter anderem gesprochen. Na gut, eigentlich hat Thomas nur ab und an genickt und ich habe eben mit Angela gesprochen. Ab und zu ist Thomas, als es ihm zu langweilig wurde, draußen ein bisschen mit dem Ball spielen gegangen. Mit Angela konnte ich in der Zwischenzeit aber befriedigende Ergebnisse erzielen!

Bitte?

Ach, du hast nichts gesagt. OK, gut so.

Weiter, jedenfalls gab es Gesprächsbedarf, weil Thomas Häßler Integrationsschwierigkeiten im Ausland befürchtete und lieber zu seinem Freund Rudi Völler und dessen AS Rom wechseln wollte. Jetzt musste er, aus Vereinsinteresse natürlich, zum Wechsel nach Turin "überredet" werden. Rom will "nur" 15 Millionen Mark zahlen, während die Unterhändler aus Turin einen "Blankoscheck" besitzen und fast vier Millionen mehr bieten.

Da frage ich dich, liebes Tagebuch ... soll ich als sein Förderer, Intimus, Trainer und Berater nicht auch einen gewissen Anteil ... und vielleicht kann ja auch Thomas etwas Handgeld gut gebrauchen.

Ich soll mich klarer ausdrücken?

Es fehlt mir leider ein wenig die Zeit, jetzt in die Details zu gehen.

Ich weiß nur eines, dieser A.B. wird es noch bereuen, mich nun gedemütigt zu haben. Bald fahre ich als Kolumnist des EXZESS nach Italien. Dort werde ich meine patriotische Pflicht erfüllen und der deutschen Nationalmannschaft zum Weltmeisterschafts-Titelgewinn verhelfen! Und danach knöpfe ich mir A.B. vor. Es kann nur noch heißen. ICH oder wer sonst ...

Der Trottel fliegt raus!

15. Mai 1990

Unfassbar Tagebuch, unfassbar ...

Unsere Saison ist zu Ende, wir sind hervorragender Zweiter geworden. Aber das tut nichts mehr zur Sache, denn ein ungeheuerlicher Vorfall erschüttert die Fußball-Welt!

Der kleine Thomas Häßler, der ohne mich ein gar NICHTS wäre, ist gestern, am 14. Mai an die Öffentlichkeit gegangen - in Form eines offenen Briefes. Thomas schlägt wie rasend und mit unerwarteter Schärfe auf seinen väterlichen Freund, ... mich, Christoph Daum, ein, als gäbe es kein Morgen. Stell dir vor, Tagebuch, Häßler will, dass „grundsätzlich geklärt wird, dass es nicht Herr Daum gewesen ist, der für seine Karriere in Köln verantwortlich gewesen ist". Er spricht MIR „die fachliche Kompetenz, Ahnung und vor allem das Format" ab.

Dieser kleine, undankbare Pimpf!

Warum, fragst du?

Woher soll ich das wissen? Wahrscheinlich hat der nicht kapiert, was wir im Hotel im Kölner Süden besprochen haben. Hätte er zwischendurch nicht dauernd draußen gespielt, wüsste er auch, was besprochen wurde und würde diesen Unsinn lassen.

Nein, ich habe mir keine Vorwürfe zu machen, Tagebuch! Schließlich haben Angela und ich nichts Schlimmes gemacht, während er draußen war. Willst du mir etwa etwas unterstellen?

Na, wie auch immer ... jedenfalls kann er sein Handgeld vergessen, das wird nun in vernünftigere Bahnen anderweitig verwendet.

In meine Taschen?

Ich bewahre mein Geld nicht in Taschen!

Da war es für heute, du hörst mir ja scheinbar auch nicht richtig zu!

29.6.1990

Ich bin ein gebrochener Mann!

Mir versagt die Hand, ich kann kaum noch schreiben, mein Lebenssinn ist zerstört, ich bin ein Opfer von Intrigen und ich ...

Was? Wie, ... was ist passiert? Bekommst du nichts mit?

Ich bin als Trainer des 1.FC Köln entlassen worden!

Unfassbar!

Wie das passiert ist? OK, ich versuche es zu erklären:

Wo ich bin, da ist Dramatik. Das passt einfach zu mir, ich bin eine tragische Figur in einem Ränkespiel historischen Ausmaßes geworden.

Gestern, 28. Juni 1990! Tatort: Erba, das italienische WM-Camp der deutschen Nationalmannschaft, drei Tage vor dem Viertelfinale gegen die CSFR. Bis dato habe ich unsere Mannschaft als EXZESS-Kolumnist locker durch die Vorrunde kommentiert und mit meinen Tipps auch zum Sieg im Achtelfinale gegen die übermächtigen Holländer beigetragen.

Dann erscheinen A.B. und die komplette Vorstandsclique des 1.FC Köln, diese Low-Performer in dunklen Anzügen und Sonnenbrillen führten etwas im Schilde, das hatte ich natürlich sofort bemerkt.

Das talentfreie, minderbegabte Funktionärs-Quartett hatte sinnigerweise die ganz große Fußball-Bühne gewählt, um MICH, den Über-Trainer vor Beginn der neuen Saison zum Duell herauszufordern.

A.B. hat mich telefonisch aus meinem bescheidenen italienischen Ferienhaus mit 12 Zimmern in den Tresorraum des Mannschaftshotels der Nationalelf zitiert. „Würden Sie bitte mal rüberkommen, dauert auch nicht lange" ...

Ich ahnte, Tagebuch, dass es nun zum Show-down kommen würde. Schließlich hat es in letzter Zeit mehrfach schon Probleme gegeben, weil diese Unwürdigen nicht meiner Linie folgen wollten.

Mein Privatvertrag, als ich vom FC-Ausrüster Puma zu Adidas wechseln wollte war ihnen ebenso suspekt, wie die täglichen Angebote europäischer Spitzenclubs wie Real und Eindhoven.

Auch meine väterlichen Gespräche, mit Thomas Häßlers bzgl. seines Transfers zu Juventus Turin waren ihnen nicht recht. Diese Neidhammel und Ignoranten!

Dann sagt dieser A.B. doch tatsächlich: Wir haben kein Vertrauen mehr, außerdem ist uns zu Ohren gekommen, das Sie scheinbar lieber Wintersport betreiben, als unsere Mannschaft zu trainieren. Sie sind entlassen!

ENTLASSEN! MICH!!!!

Mich entlässt man nicht! Das ist inakzeptabel!

Was der Kerl mit Wintersport meint? Woher soll ich das denn wissen, Tagebuch? ICH bin zwar ein Genius, aber in das Hirn eines solchen Kretins kann ich mich nicht begeben. So weit bin ich dann doch nicht abwärtskompatibel.

Das mir … obwohl ich immer meine eigene Linie, im Sinne des Vereins, durchgezogen habe. Dadurch bin ich immer mit weit geöffneten Augen durch mein Trainerleben gegangen und habe deswegen gesehen, wie und wo man Spieler besser machen kann. Ach, Tagebuch… ich habe die Nase gestrichen voll!

Wie... mit Schnee? Verstehe ich nicht. Soll dass eine Andeutung sein, Tagebuch? Vergiss doch jetzt mal diesen Spruch mit dem Wintersport.

Entlassen, mich... ich habe beim FC Wände eingerissen und alles neu tapeziert. Ich habe den Verein mit meiner Dynamik zu seinem jetzigen Stellenwert verholfen. Da hätte ich mehr erwarten können als ein Gespräch von wenigen Minuten Dauer, in dem mir erklärt wird, dass angeblich kein Vertrauen mehr da ist. Ich kotze gleich! Wenn ich jemals Krebs bekomme, dann wegen dieses Tages...

Ich bin weinerlich? Wie wäre es mit Trost?

Was ich gesagt habe?

Das er ein Kotzbrocken ist, ein Bettvorleger und ein Winkeladvokat mit null Fachkenntnissen im Bereich des Fußballs. Das würde sogar seine Frau von ihm denken!

Woher ich das mit seiner Frau weiß?

Ich weiß es eben! Ich kenne die Familie näher als man denkt!

Aber das tut nichts zur Sache, eines steht fest. Der FC ist ab heute für mich gestorben. Die können sich vor mir in den Staub schmeißen und wer weiß was erzählen, mich kriegen die nie wieder auf ihr Trainingsgelände... never ever again!

Man soll nie nie sagen, meinst du?

Selbst wenn ich in 15 oder 20 Jahren mal wiederkomme, dann nur zum Abzocken! Dann nehme ich die aus wie eine Weihnachtsgans!

Den FC verfluche ich hiermit, es wird so kommen, dass der Verein absteigt, am Boden liegen wird und NIE WIEDER das erreichen wird, was ICH geschaffen habe. NIE WIEDER wird ihnen das gelingen, denn es trifft sie MEIN Bannstrahl!

ICH bin der große Christoph Daum, ich verfolge weiter meine Linie und werde nun WELT-TRAINER. Der FC hingegen wird die Karikatur eines Fußballvereins werden...

Und NIEMAND wird das verhindern können. Es wird keinen HELD geben, der auf der Linie rettet. NEIN, der FC ist dem Untergang geweiht.

Soweit die Worte des Propheten Christoph!

... nein, ich bin kein Spinner!

Soweit der 4. Teil unserer Veröffentlichung von Auszügen der Daum-Tagebücher. Aber es wird weitergehen, denn der Trainer-Gott hat nach seiner Rückkehr im Jahr 2006 das Tagebuch-Schreiben wieder aufgenommen. Lassen Sie sich das nicht entgehen und verfolgen Sie die weiteren Gedanken eines Giganten des deutschen Fußballs.

Ex-Manager Rühl: „Wir brauchen keinen Exoten wie Schewtschenko"

Von Magnus Brücken

Die Liste der großen Namen, die alle mal beim 1.FC Köln im Gespräch waren, ist ellenlang und man könnte fast eine Weltelf daraus formen. Eine der ganz großen Namen, der seinen Spind am und im Geißbockheim schon so gut wie sicher hatte, war der Ukrainer Andrij Schewtschenko. Jener Goalgetter, der beim AC Mailand in 7 Jahren 127 Tore schoss und 2004 zu Europas Fußballer des Jahres gewählt wurde. 2006 wechselte er für 51 Millionen Euro zum FC Chelsea.

Im Sommer 1997, mitten in der Transferphase, kam es zu einer entscheidenden Besprechung der Verantwortlichen der damaligen Zeit. Die Umstände, wie es zur Entscheidung gegen Schewtschenko kam, sind dokumentiert und werden nun erstmals der Öffentlichkeit zugänglich gemacht.

EXZESS präsentiert:

Der neue Manager Carl-Heinz Rühl und Trainer Peter Neururer sitzen beim vertraulichen Gespräch beisammen und planen den Kader der Saison 1997/1998.

Rühl: So Neururer, wir sind soweit durch. Der Kader steht so gut wie fest, Michael „Balou" Kostner haben wir deinem Wunsch gemäß, nun auch unter Vertrag genommen. Lediglich eine Verpflichtung können wir noch tätigen. Der Schuss muss also definitiv sitzen, ... ich habe natürlich bereits Kandidaten gesichtet, aber du hast vielleicht auch noch eine Vorstellung, oder?

Neururer: Ja, die hab ich. Ich war neulich bei einem U21- Länderspiel in Kiew, da habe ich einen jungen Stürmer gesehen, ne absolute Top-Granate ... habe auch von Kiew aus schon Hartmann angerufen. Das ist einer, der wird mal was ...

Rühl: Ach ja, ... Neururer und seine Exoten. Mag ja sein, das er gut ist, aber ob das auch für den FC reicht? Da hinten sind eigentlich nur ganz selten gute Fußballer gefunden worden. Ich halte da wenig von. Was soll die ... na ja ... „Top-Granate" denn kosten?

Neururer: He Rühl, ... der ist wahnsinnig gut, überragt alle anderen aus seiner Altersstufe und hat vor allem noch Potenzial nach oben. Es gibt in Kiew Leute, die halten den für den besten Fußballer der letzten 30 Jahre. Und jetzt halt dich fest, der kostet gerade mal 150.000 Mark ...

Rühl: Also ehrlich, Neururer ... wie du mit dem Geld des FC umgehst! 150.000 Mark für nen sowjetischen Jungspund, der es mit viel Glück gerade mal auf Zweitliganiveau schafft ... Ne, das vergiss mal, oder willst du diese Saison unbedingt absteigen?

Neururer: Ich halte das für einen Riesenfehler, wenn wir den nicht nehmen.

Rühl: Die jungen Trainer von heute ... Mann, Neururer, ... glaube mir, ein bisschen mehr Fußball-Sachverstand habe ich schon, bin älter als du und daher länger im Geschäft. Deinen Scheffkakovic, den vergiss mal. Kann nix sein.

Neururer: Wenn wir das nicht mal bereuen, wen hast du den gesichtet?

Rühl: Ich treibe mich ja nicht auf irgendwelchen, zweitklassigen Nebenplätzen im Ostblock rum, ich habe einen Spieler an der Hand, der beim großen FC Barcelona unter Vertrag steht. Einen Kroaten namens Goran Vu evi . Kostet nur ein bisschen mehr, hat dafür aber deutlich mehr Perspektive.

Neururer: Goran Vučević? Nie gehört ... der spielt in Barcelona?

Rühl: CP Merida, bei einem spanischen Aufsteiger in der Primera División. Ist dorthin ausgeliehen. Spanische erste Liga, Neururer ... nicht in Sibirien!

Neururer: Das muss ja nicht zwangsläufig heißen, das er besser ist, Rühl.

Rühl: OK, du bist von deinem Mann überzeugt, ich von meinem. Was machen wir jetzt?

Neururer: Tja, also ... du bist Manager und musst dafür geradestehen. Ich als Trainer muss aber mit deiner Entscheidung nachher sportlich klarkommen ...

Rühl: OK, zweifelst du meine Fachkompetenz an?

Neururer: Nicht generell, aber in dem einen Fall würde ich mir wünschen, dass du mir glaubst, ich habe den Jungen gesehen, das wird wirklich mal ein richtiger Star!

Rühl: Gut, wer mehr Fachkompetenz hat, der entscheidet. Ich stelle dir nun 5 Fachfragen, wenn du alle beantworten kannst, hast du gewonnen und darfst wählen. Damit es nicht ganz so schwer wird, gebe ich 4 Antwortmöglichkeiten vor ... es geht los. Frage 1: Wer schoß das Siegtor beim 3:2 Deutschlands gegen Ungarn bei der WM 54?

a) Helmut Rahn
b) Uwe Rahn
c) Max Morlock
d) Hans Schäfer

Neururer: Wenn die Fragen so bleiben, kann dein Assistent schon mal in Kiew anrufen um den Deal klarzumachen, natürlich Lösung a) Helmut Rahn!

Rühl: Korrekt, Frage 2: Wann wurde Bayern München erstmals Deutscher Meister?

a) 1968
b) 1969
c) 1930
d) 1932

Neururer: Schon schwerer, aber trotzdem kein Problem, müsste 1932 gewesen sein.

Rühl: Auch das ist richtig, nun Frage 3: Wer war der Endspielgegner der Bayern im deutschen Meisterschaftsfinale von 1932? Jetzt bin ich aber mal gespannt ...

a) 1.FC Saarbrücken
b) 1.FC Köln
c) 1.FC Nürnberg
d) Eintracht Frankfurt

Neururer: Puuuuuuh ... das ist schwierig, ... Maaaann, wer war das noch mal, ... bestimmt Nürnberg.

Rühl: Vielleicht solltest du die ausschließen, die es vielleicht deiner Meinung nach gar nicht sein können.

Neururer: Mann, da könnte man ne neue Rateshow draus machen ... verdammt noch mal ... aber wo du es sagst. Unser FC kann es nicht sein, den gab es 1932 ja noch gar nicht, wurde ja erst 1948 gegründet.

Rühl: Bleiben noch drei ... wenn du richtig liegst.

Neururer: Klar liege ich richtig, der FC ist raus. Aber wer kann es gewesen sein? ... Hör mal, Rühl. Ich fände es fair, so etwas wie ein Freispiel, eine Art Joker zu bekommen, kann man nicht zwei Vereine streichen?
Rühl: Na gut, ich will mal nicht so sein. 1.FC Köln und 1.FC Saarbrücken fallen raus.
Neururer: Poooh, Saarbrücken ... hätt ich fast genommen. OK, dann lege ich mich fest: 1.FC Nürnberg!

Rühl: Sicher?

Neururer: Ganz sicher nicht, ach ... musst du mich jetzt verunsichern? Das würde ein richtiger Quizmaster nie tun. Aber ich bleibe beim 1.FC Nürnberg.

Rühl: Das ist also deine Antwort?

Neururer: Ja!

Rühl: Na gut, dann ...

Neururer: Haaaaaaaaaaaaaaaalt !!!

Rühl: Meinung geändert?

Neururer: Ja, ja ... kann nicht sein, es muss Eintracht Frankfurt sein. Lösung d) ist richtig, Eintracht Frankfurt.

Rühl: Wieso der Sinneswandel?

Neururer: weil ich mir zu 99,99 % sicher bin, das es mit Ausnahme des Pokalfinales, als der Dieter Hoeness mit Turban rumlief, nie ein bayrisches Derby in einem wichtigen Finale gab. Das hätte ich irgendwo mitbekommen, irgendwo gelesen oder wie auch immer aufgeschnappt.

Rühl: Na gut, deine Antwort war richtig! Frankfurt war der Gegner und die wurden von den Bayern mit 2:0 besiegt.

Neururer: Oh Mann, was für eine Erleichterung, ist das stressig.

Rühl: Nun denn ... Frage 4: WM 1990, Spiel um Platz 3, Italien schlägt England mit 2:1, welcher italienische Spieler wurde in der 67. Minute für Carlo Ancelotti eingewechselt?
Also, ... a) ...

Neururer: Spar dir die Aufzählung, das war Nicola Berti, 1000 Prozent sicher!

Rühl: Oh!, ... richtig, aber ...

Neururer: Ich habe alle Fußball-Almanache in deutscher Sprache auswendig im Kopf, mit solchen Fragen bist du bei mir richtig. Weiterhin wurden noch Ricardo Ferri für Guiseppe Giannini, 90. Minute ... und Neil Webb für Mark Wright und Chris Waddle für Steve McMahon jeweils in der 71. Minute für die Engländer eingewechselt.

Rühl: Dann dürfte die letzte Frage wahrscheinlich auch kein Problem für dich sein ...

Neururer: Freue mich schon auf die Top-Granate Schewtschenko ... Beine, Kopf, Arme und Hals habe ich schon, jetzt fehlt noch der Rumpf ...

Rühl: Konzentration für Frage 5, bereit?

Neururer: Ich bin bereit geboren worden!

Rühl: Gut, hier kommt sie. Wer wurde bei der Wahl zum Fußballer Europas im Jahr 1967 Dritter?

a) Luis Suárez   b) Jimmy Johnstone
c) Bobby Charlton   d) Flórián Albert

Neururer: Ach du liebe Scheiße, wer soll denn DAS wissen? So etwas stand nie in einem Almanach. Gott oh Gott ... das weiß doch kein Mensch!

Rühl: Doch! Ich ... (grinst fies)

Neururer: Kacke, Mann, ich habe keine Ahnung, der bekannteste ist natürlich Bobby Charlton, aber der hat doch sicher 66 gewonnen, weil die Thommys da Weltmeister geworden sind. Wer ist dieser Albert noch mal?

Rühl: Keine Ahnung?

Neururer: Nee, überhaupt keine. Wenn ich jemanden anrufen könnte ...?

Rühl: Nein, aber da draußen läuft gerade unser U23-Trainer rum, den darfst du fragen!

Neururer: Den Steff? Kann ich auch einfach so raten?

Rühl: Musst du selbst entscheiden ... aber wenn du Steff fragst, mehr als 30 Sekunden darf er nicht überlegen ... ich habe heute noch ein paar andere Dinge zu erledigen ...

Neururer sprintet als Fenster, öffnet es und schreit hinaus ...

Neururer: Steeeefff, wer ist 1967 bei der Wahl zum Fußballer des Jahres in Europa Dritter geworden ... ich hab hier vier Namen zur Ausw...

Engels: Dschimmy Dschonnstooon ... han kein Zick, muss ming Junge trääniere ... und darf ja nit selvs ze spät kumme ... tschööö Pitter ...

... und weg ist Stephan Engels! Neururer schließt das Fenster, sctzt sich zurück an seinen Platz und schaut seinen Gegenüber fassungslos an.

Rühl: Offensichtlich war sich Steff sicher!

Neururer: Ja, ... aber Jimmy Johnstone? Der? OK, der hat mit Celtic Glasgow 1967 den Landesmeister Cup geholt.
Klar, der hatte schon das Zeug, in die Wahl reinzurutschen, aber das hatten alle anderen auch. Es könnte jeder gewesen sein.
Nur dieser Albert nicht, der ist von allen der Unbekannteste, ...

Rühl: Also?

Neururer: Johnstone oder Albert, Johnstone oder Albert ... Johnstone oder Albert, Johnstone oder Albert ...

Rühl: Ich brauche deine Entscheidung JETZT, Neururer ...

Neururer: Moment ...

Der Trainer kramt in seiner Tasche und bringt ein Markstück zum Vorschein.

Neururer: Zahl ist Albert, Rückseite Johnstone ....
... und schon wirft Neururer die Münze, die ... als sie zu Boden fällt, haargenau in eine Fliesenfuge fällt, festgeklemmt wird und senkrecht stehen bleibt.

Neururer: Typisch FC, ... musste ja wieder so kommen, also noch mal ...

Erneut wirft Neururer die Münze, die dieses Mal normal zu Boden fällt, man erkennt die Rückseite mit dem Adler.

Rühl: Also Johnstone, oder?

Neururer: Ja! Johnstone ist meine Antwort.

Rühl: Gut, dann hast du ...

Neururer: Haaaaaalt .... Ich lasse mir doch von einer Münze nix kaputtmachen. Wie gegen Liverpool ist die Münze steckengeblieben ... nee, das ist schon damals schiefgegangen, ich nehme Albert. Flórián Albert ist meine Antwort.

Rühl: Sicher!

Neururer: Ja!

Rühl: Ganz sicher? Wirklich?

Neururer: Ja, verdammt noch eins!

Rühl: Also, beginnen wir bei a) Luis Suárez, ... spanischer Weltklassespieler, lange Jahre bei Inter Mailand, Sieger bei der Wahl zu Europas Fußballer des Jahres im Jahr 1960 und Drittplatzierte im Jahr ... 1965.
Der war es schon mal nicht!

Neururer: Pooh, musst du das so spannend machen?

Rühl: Bobby Charlton als Antwort wäre … falsch gewesen! Er gewann 66 die Wahl und wurde 67 Zweiter …

Neururer: Jetzt kommen meine beiden, bitte lass Albert Dritter geworden sein.

Rühl: Flórián Albert stand 1967 bei der Wahl auf dem Siegespodest! Der ungarische Weltklassespieler gewann mit Ferencváros Budapest, übrigens als einzige ungarische Mannschaft überhaupt, einen europäischen Wettbewerb.

Im Messecup-Finale, dem Vorläufer des UEFA-Cup, wurde Juventus Turin mit 1:0 bezwungen. Der elegante Stürmer belegte bei der Wahl 1967 den …

Neururer: DRITTEN PLATZ !!!

Rühl: Den Platz ganz oben, er war Erster, … Fußballer des Jahres 1967!

Neururer: Neeeeeeeeeeiiin …

Rühl: Die richtige Antwort wäre b) gewesen. Jimmy Johnstone belegte bei der Wahl den dritten Platz hinter Albert und Charlton … tja Neururer. Pech gehabt. Jetzt holen wir Goran Vu evi .

Neururer: Hätte ich doch nur auf den Steff gehört … aber wer tut das normal schon? So ein Mist … auweia, der heutige Tag wird in die Geschichte eingehen … heute hat der FC seine Zukunft verspielt … ich habe sie verspielt! Oh Nein!

Rühl: So, ich muss weg, den Transfer mit Goran Vu evi klarmachen. Hey Neururer, mach dir nix draus. Mit deinem Exoten wäre das sowieso nie was geworden … also, mach's gut!

Neururer: Hey Rühl, … wo hast du diese Quiz-Idee her? Die war, abgesehen davon, dass ich leider verloren habe, total klasse! Solltest du anmelden und deine Rechte darauf sichern lassen. Kann man sicher viel Geld mit machen ...

Rühl: Ach Neururer, ... du bist unverbesserlich, du nassforscher Chaot. War mir gerade eben so spontan eingefallen ... und dieses ... „Quiz" ... wie du es nennst, ... ja, das wird bestimmt mal genau so erfolgreich wie dein Schewtschomko ...

Rühl verlässt den Raum, Neururer ist alleine und hält immer noch sein Markstück in der Hand. „Scheiße" entfährt es ihm noch einmal, dann zieht er seine Lederjacke an und verlässt ebenfalls das Zimmer!

Soweit die Aufzeichnungen aus dem Sommer 1997. Wie wir heute wissen, machte Goran Vu evi von 97-99 genau 16 Spiele für den FC und schoss ein Tor, galt letztendlich als großer Flop. Schewtschenko kostete nur wenige Monate nach diesem Meeting bereits 38 Millionen DM und wurde ein Weltstar. Der 1.FC Köln hingegen stieg in der folgenden Saison erstmalig ab, in der ein Schewtschenko schon hätte stürmen können. Neururer wurde zuvor bereits entlassen und Rühl zog sich ebenfalls bald zurück. Mit diesem Klassespieler wäre man vermutlich nicht abgestiegen, hätte Schewa irgendwann für sehr viel Geld verkaufen können und eine Mannschaft aufbauen können, die ganz oben hätte mitspielen können.

Hätte, ja hätte man doch nur auf Stephan Engels gehört! ... und auf die Münze, die es diesmal gut mit dem Verein meinte ... der sein Glück aber mal wieder mit Füßen trat!

Ach ja, ... derjenige, der dieses Meeting dokumentiert hatte, wechselte später zu RTL, der Sender kam 1999 mit einem Quiz namens „Wer wird Millionär" raus, welches wohl eigentlich beim 1.FC Köln erfunden worden war.

Daum: „Mein Aufstieg in den Trainer-Olymp"

Von Hans Verner, Magnus Brücken, Thorsten Spritmann, Andreas Howbricks
sowie Chefredakteur Lutz Uegenboldt

Nach 16 Jahren im Exil kehrte der Messias im Jahre des Herrn 2006 zu seinem 1.FC Köln zurück. Jenem Club, bei dem er seine erfolgreiche Trainer-Laufbahn begonnen hatte. Seine Rückkehr war jedoch keineswegs selbstverständlich, war Daum doch ob der Umstände, die 1990 zu seiner Entlassung geführt haben, extremst verschnupft. Dennoch konnte er von seiner alten Liebe nicht lassen. Wie es dazu kam, das ein Welt-Trainer sich aus Liebe in die zweite Liga herab begab, davon zeugen unsere heutigen Tagebuch-Veröffentlichungen!

Lesen Sie JETZT!

EXZESS präsentiert:

12.11.2006

Liebes Tagebuch,

nun liege ich hier im St. Elisabeth-Krankenhaus in Köln-Hohenlind und denke über mein Leben nach. Manchmal bin ich sehr traurig, denn eigentlich hätte ICH es sein, sollen, der unsere Nationalmannschaft beim Sommermärchen zum Titel verhilft. Dass es Klinsmann, dieser Azubi, vor ein paar Monaten nicht geschafft hat, unsere Truppe gegen biedere Italiener ins Finale zu bringen, tut mir heute noch weh. Es wäre so einfach gewesen, jedenfalls für einen wie MICH!

Aber da musste es dank einer Intrige im Jahr 2000, über die ich eigentlich aber nicht mehr sprechen möchte, so kommen, dass man den Nationalspielern den besten Trainer der Welt vorenthielt.

Die Nation leidet unter dieser Fehlentscheidung. Es ist wirklich jammerschade! Gerade in Zeiten wirtschaftlicher Probleme hätte ein „Wunder von Daum" den Menschen in diesem, unserem Lande so gut getan. An mir aber hat es nicht gelegen, denn ICH war bereit!

Nun ja, meine Mandeln sind raus und es geht mir langsam besser. Aber ich hinterfrage mich dennoch, habe ich die richtige Entscheidung getroffen, als ich gestern in meiner großartigen Pressekonferenz am Elften im Elften dem 1.FC Köln eine Quasi-Absage erteilte?

Die Menschen in dieser Stadt jedenfalls ist kein Vorwurf zu machen. Auf dem „Alter Markt" hat eine Menschenmenge von über 100.000 Fans auf MEIN Ja-Wort gewartet. War es richtig von mir, sie so zu enttäuschen?

Die Volkswirtschaft in Köln leidet, seit Tagen stehen u.a. bei FORD die Bänder still, Bäckereien backen nicht mehr und Kinder schwänzen die Schule, weil die Kölner darüber diskutieren, ob ICH wieder Trainer beim 1.FC Köln werde.

Mit bangem Herzen haben sie auf MEINE Antwort gewartet, sie wollen endlich erlöst werden. Erlöst von dem Fluch, den ICH dem Verein damals auferlegt habe.

Ich frage dich, Tagebuch: Muss ich meine persönlichen Befindlichkeiten etwa doch der Sache wegen hinten anstellen? Soll ICH vergessen, was die unselige Truppe um A.B. seinerzeit mit mir gemacht hat? Das sie mir das Herz hinaus rissen und mich gedemütigt haben?

ICH Kann das einfach nicht vergessen!

Aber andererseits … wenn die Fans, die Menschen voller Trauer erfüllt sind, voller Verzweiflung, weil unser aller ruhmreicher 1.FC Köln (einen Großteil des Ruhmes verdankt er natürlich MIR) nicht die Rolle spielt, der er eigentlich immer spielen muss … darf ich dann weiter hartherzig sein?

Gestern war die Pressekonferenz, die wir trotz der Krankenhaus-Umgebung, in professioneller Art und Weise durchgezogen haben. Ich habe nichts dem Zufall überlassen und dem Chefarzt klar gemacht, wie die Sache abzulaufen hat.

Ich habe ihm eine Art Drehbuch verfasst und er hat dann auch, wie ich es verlangt habe, Patienten mit rollbaren Ständern, an denen eine Flasche mit Kochsalzlösung befestigt war, durch die Szenerie gehen lassen. Das sollte dramatischer wirken und die Gesamtlage symbolisieren.

Vor weit über 100 Journalisten aus allen Winkeln des Globus habe ich dann meine Erkenntnisse der Welt mitgeteilt. Ein bisschen kam ich mir vor wie der Papst, wenn er seinen Segen „urbi et orbi" erteilt.

Ich habe mir eine ähnliche Aussage verkniffen, da ich nicht anmaßend wirken wollte. Das würde ja entgegen meiner Natur sein.

Jedenfalls habe ich den ängstlichen Menschen in meinem Umfeld und auf dem Rest dieses Planeten die Sorgen wegen meines Gesundheitszustandes etwas nehmen können, indem ich bestätigte, dass es mir schon wieder etwas besser geht. Das kollektive Aufatmen einer Nation und dem Rest der Welt, habe ich quasi körperlich gespürt! Und es tat mir wohl.

Zur Sache, zwar habe ich gestern quasi abgesagt, mir aber eine Hintertüre offen gelassen. Michael Meier, der mich hier fast schon im Stundenrhytmus besucht ... und mich mit immer neuen, höheren Trainergagen zu locken versucht, sitzt gerade wieder draußen mit einem Strauß Blumen. Ich werde ihn gleich herein bitten lassen und ich werde ihm sagen, dass wir weiter verhandeln können.

Natürlich muss, bei aller Herzensangelegenheit, auch das Salär stimmen. Gehe ich zum FC, verzichte ich auf viele Millionen, denn fast alle Champions-League Vereine liegen mir ja quasi zu Füßen ... da muss noch etwas passieren!

Grundsätzlich aber sehe ich die Chance, viele Menschen glücklich zu machen ... und wenn ICH in die 2. Liga gehe, werden allen anderen Vereinen dermaßen die Knie schlottern, das sie schon fast freiwillig verlieren werden. Der Aufstieg ist beschlossene Sache. Kein Problem für einen wie

ICH !!!

27.11.2006

Hör mal zu Tagebuch,

heute war es so weit, Ich habe mein erstes Training nach 16 Jahren für den 1.FC Köln geleitet.

Was das für ein Gefühl war, fragst du?

Eigentlich war es OK, dennoch war ich leise enttäuscht, denn man hätte das massenkompatibler inszenieren können. Hätte er nicht zumindest aus dem Stadiondach Trockeneisnebel erscheinen können, dazu Stroboskob-Lichtblitze zuckend?
Warum fiel kein Lametta vom den Tribünen und warum waren keine Trompetenstöße oder ein Trommelwirbel zu hören? Vermisst habe ich auch die „Höhner", „Bläck Fööss" oder zumindest den Oberbürgermeister, der mir symbolisch den Schlüssel der Stadt überreicht!

Woran lag es, dass lediglich 10.000 Zuschauer gekommen sind? Gut, die waren natürlich enthusiastisch. Es tat mir wohl, wie einige ihre Kleinkinder mir in den Arm gaben ... und natürlich habe ich mich nicht verweigert und meinen Segen dazu gegeben.

Dennoch, einer wie Ich, ... der diesem Land, der Stadt Köln und dem Fußball so viel gegeben hat, ... ein solcher Gigant verdient wahrlich weitaus mehr Anerkennung und Zuneigung.

Ich vermute, dass die lange Zeit des Dauer-Absteigens den Kölner an sich mürbe gemacht hat ... und sie blind hat werden lassen vor Lichtgestalten wie mir.

Dennoch steht für mich nun fest, ich werde aus dieser Zweitligatruppe eine Mannschaft machen, die sich mit Real Madrid, dem FC Barcelona und Manchester United messen kann. Zunächst einmal müssen wir Duisburg weghauen, was mir aaaabsolut unproblematisch erscheint.

Werde über den Triumph berichten!

5.12.2006

Was soll diese Scheiße !!!

*Wir haben verloren, 1:3 gegen den MSV Duisburg
verloren. Unverschämtheit. Und einer, der fast heißt,
wie ich, ... Markus Daun, schießt auch noch 2 Tore.
Mit was für Amateuren habe ich es hier zu tun?*

*So etwas darf sich nicht wiederholen. Das ist eine
Demütigung sondergleichen ... und der Duisburger
Trainer, der Bommer erzählt noch was davon „dass
sie das ganze Medientheater um meine Person genutzt haben, um sich zu motivieren."*

*Unfassbar! Das ist unlauterer Wettbewerb, ich ver-
lange, dass der DFB eingreift!*
*Außerdem verlange ich neue Spieler! Mindestens 6,
besser 8. Ohne einige Top-Stars wird das hier nichts.
Ich, der WELT-Trainer, muss mich hier mit Spielern
herumschlagen wie Wessels, Mitreski, Madsen und La-
gerblom.*

Was für Graupen!

*Warum habe ich bloß einen Vertrag bei einem
Zweitligisten unterschrieben?*

Sollte ich plötzlich fehlbar geworden sein?

19.02.2007

Ich armer, einsamer ... von allen verlassener Mann!

*Es ist so grausam, ich will nicht mehr und ich kann
auch nicht mehr. Das ist mehr, als ein Mensch ertragen kann.*

Was los ist?

Tagebuch, willst du mich ärgern? Du hast doch bestimmt schon mitbekommen, das ich mit dem 1.FC Köln gestern, ausgerechnet am Karnevalssonntag, mit 5:0 bei Rot Weiß Essen verloren habe.

Ich will es offen sagen, ich habe erstmals Fehler gemacht. Niemals hätte ich bei einer solch limitierten Truppe JA sagen sollen. Ich hätte auf meinen Verstand und nicht auf mein Herz hören sollen. Das verzeihe ich mir so schnell nicht.

Ab sofort werde ich die Trainingseinheiten alle Roland Koch überlassen und mich nur noch, die Arme vor der Brust verschränkend, auf den Platz stellen. Übrigens, ich verstehe nicht, warum man diese Körperhaltung „Mourinho-Haltung" nennt, mache ich das doch schon seit Jahren?

Ab jetzt ist jedenfalls Dienst nach Vorschrift angesagt!
Ich will einfach nicht mehr! Mit dem Fußball habe ich abgeschlossen, ab sofort zieht sich mein Geist aus dem Geschäft zurück, nur mein Körper steht noch auf dem Platz, sitzt auf der Trainerbank und antwortet mit den üblichen Schablonensätzen auf Pressefragen.

Mit dem Fußball habe ich fertig!

21.05.2007

Tagebuch, … nur aus Chronistenpflicht: Gestern hat die von Roland Koch trainierte Mannschaft, die sich 1.FC Köln nennt, die Zweitligasaison mit einem 2:2 in Kaiserslautern und Platz 9 mit 46 Punkten abgeschlossen.

Für mich war diese Saison eine Beleidigung meines Egos, deswegen habe ich seit der Essen-Katastrophe ja beschlossen, dem Verein geistig den Rücken zu kehren.

Jetzt freue ich mich auf viele Wochen Mallorca und kann endlich auch mal offiziell nichts tun!

08.09.2007

Liebes Tagebuch!

Wie du ja weißt, hatte ich mich innerlich vom FC verabschiedet, aber die neue Saison hat ja begonnen und Roland hat gar nicht mal so schlecht begonnen. Nach vier Spieltagen liegt der FC nur drei Punkte hinter dem Tabellenführer und ich habe mich nun bereit erklärt, ihm ab und an mal ein paar Tipps zu geben. Also nicht so wie sonst, „lass mich mit dem Scheiß FC zufrieden" zu antworten.

Irgendwie bin ich versöhnlicher mit dem FC geworden. Wer weiß, vielleicht übernehme ich eines Tages doch wieder das Training, also so richtig halt.

Auch im Verein ist man recht freundlich zu mir. Michael Meier zum Beispiel hatte gerade eine gute Idee ... und diese habe ich gestern in die Tat umgesetzt:

Halt dich fest, Tagebuch ... :

ICH HABE GEHEIRATET!

Nein, die Idee zum heiraten hatte ich ... und Angelica schon selbst. Es war aber Michael Meiers Idee, das ganze im Kölner Stadion zu machen! Wie das ablief? Ganz einfach: Ich als Bräutigam stellte mich in das Tor vor der Südtribüne. Gegenüber meine mich (verständlicherweise) anbetende Braut Angelica. Dann gingen wir beide bis zum Anstoßpunkt, an dem der Standesbeamte wartete, aufeinander zu. Einmal bin dabei fast ins Abseits gelaufen ...

Im Mittelkreis wurde dann die Ehe vollzogen ...

OK, die Ehe wurde natürlich geschlossen, du hast Recht, Tagebuch!

Waren Dauerkarteninhaber zugelassen? Nein, diesmal wollten wir unter uns sein. Ob der Geißbock dabei war? Auch davon habe ich nach reiflicher Überlegung Abstand genommen.

Wer es übertragen hat? Premiere, DSF oder doch Center-TV? Und wer hat's moderiert? Kam auch die übliche Analyse danach mit Zeitlupe? Das sind aber alles sehr merkwürdige Fragen, Tagebuch!

Nein, diesmal wollten wir wirklich für uns sein. Hältst du mich etwa für einen geltungs- und geschäftstüchtigen Egomanen, der mediengeil seine Haut zu Markte trägt?

WIE „JA" ???

OK, ich gebe es ja zu, das ich die Gelegenheit schon für eine Kolumne nutzen wollte, aber Angelica hat mir alle Aktivitäten in dieser Hinsicht verboten.

Warum auch immer?

Für heute soll das genügen, Tagebuch, ... ich habe der BUNTEN noch ein Interview zugesagt. Also Ciao!

5.5.2008

Jawoll, Tagebuch !!

Ich habe Hoffenheim mit 3:1 geschlagen! Ich bin mitten drin im Aufstiegsrennen.

Was für ein Jubeltag in Köln ... und das alles dank ICH!

Seit etwa drei Spieltagen bringe ich mich nun wieder voll und mit aller genialer Macht, die mir zur Verfügung steht, in die Trainingsarbeit ein und konnte die vielen Fehler von Roland Koch (es sei ihm verziehen, er hat nie meine Ebene erreicht) korrigieren können.

Ich war es, der immer gesagt hat, dass die Saison erst um den 28. Spieltag herum entschieden wird. Bis dahin muss man oben dabei bleiben, jetzt wird Geschichte gemacht, besser gesagt: ICH werde Geschichte schreiben!

Hach, war das schön, diesem arroganten Rangnick ins Gesicht zu lachen! Hoffenheim, Paah! Regt sich der „Kollege" doch tatsächlich über ein angebliches „Foul" meines Spielers Suazo auf. Ein „Attentat" soll das gewesen sein, dass ich nicht lache.

... und Zähne verliert man schon mal im Zweikampf, wir sind doch nicht beim Hallenhalma!

Wie auch immer, ICH zeige nun allen die Zähne und werde den FC zum Aufstieg führen.

Denn nur ICH kann das!

12.5.2008

ICH BIN DER GRÖSSTE !!!

Es ist vollbracht, gestern habe ICH meinen jungen, aufmüpfigen Kollegen Jürgen Klopp mal gezeigt, wo der Geißbock die Hörner hat! ICH habe ihn 2:0 geschlagen, ihn und seine Mainzer!

WIR SIND AUFGESTIEGEN !!!

Dieser Aufstieg ist mit nichts zu vergleichen, vergiss sämtliche Champions-League Endspiele. Gestern, DAS war die Krönung der Fußballkunst. Und ICH habe mir selbst die verdiente Krone aufgesetzt!

Soll mir einer sagen, dass dies nicht mein alleiniger Verdienst war. Hier habe ICH bewiesen, was eh schon jeder wusste. Nämlich, das ich wohl der beste Trainer auf diesem Planeten bin!

Ich will jetzt nicht sentimental werden, aber das MEIN Verein, der 1.FC Köln wieder erstklassig spielt, das entlockt mir dann doch Gefühlsregungen.

Höher kann ICH wohl nicht mehr kommen. Selbst ein Champions-League-Sieg mit dem FC kann das hier nicht mehr toppen. Weil es eben unter schwierigsten Umständen erreicht wurde!

Damit befinde ich mich in einer Kategorie, die dem Göttlichen nahe kommt!

Daher halte ich es für profan, hier wie ein kleiner Mensch weiterzuschreiben. Ich halte es für richtig, sinnvoll und an der Zeit, mein Tagebuch hier abzuschließen.

Liebes Tagebuch, ich habe es nicht immer leicht mir dir gehabt. Aber ein Genius wie ich, muss auch verzeihen können. Deine Fehler habe ich dir immer verziehen, daher nehme ich deine Dankeshuldigungen nun generös entgegen und beende hiermit meine Aufzeichnungen für immer. Sei nicht traurig, das ich nicht weitermache ... du musstest wissen, das du eines Tages nicht mehr meiner würdig bist. Das ist kein Vorwurf, sondern nur das Feststellen einer Tatsache.

Gehab dich wohl,
Dein Christoph Daum (Trainer-Gott)

Obwohl Christoph Daum seine Trainertätigkeit fortsetzte und beim 1.FC Köln in der Folge auch den Klasserhalt in Liga 1 schaffte, so blieb er scheinbar seinem Vorsatz treu. Mit seinen letzten Worten endeten seine Tagebuchaufzeichnungen. Ob er ein weiteres Tagebuch begonnen hat, ist uns nicht bekannt.

STELLUNGNAHME DER CHEFREFAKTION DES EXZESS

Hiermit möchten wir Stellung zu den Vorwürfen der Zeitschrift BISS beziehen, die in mehreren Artikeln behauptet, dass die von uns abgedruckten Tagebuchaufzeichnungen von Christoph Daum von einem mittellosen Studenten gefälscht wurden. Das alles sind nicht belegbare Mutmaßungen. Unseres Wissens nach könnten die Aufzeichnungen durchaus echt sein, wir lassen die Handschrift nun noch einmal wissenschaftlich prüfen und von dem angeblichen Fälscher, Student Bernd Tränsack, lassen wir eine Haarprobe nehmen. Über die Ergebnisse, werden wir Sie, liebe Leser, natürlich informieren.

Gezeichnet,
Ihr L. Uegenboldt

Irre! FC-Torwart sollte Spieler segnen!

Von Hans Verner, Thorsten Spritmann

Am Freitag, den 22.10.2010 wurde ein Meeting mit Präsident Overath, Manager Michael Meier, Jugendkoordinator Stephan Engels sowie Vizepräsident Jürgen Glowacz belauscht und dokumentiert. Wir möchten Ihnen, liebe EXZESS-Leser, dieses Zeitdokument nicht vorenthalten.

Zur besseren zeitlichen Einordnung: Der 1.FC Köln hatte ein Spiel bei Hannover 96 vor der Brust. In den Vorwochen hatte FC-Torwart Faryd Mondragon durch unbefriedigende Leistungen und durch eine Pressekonferenz, auf der er sich mit Jesus verglichen hatte, auf sich aufmerksam gemacht. In diesem nun folgenden Meeting wurden die Konsequenzen gezogen.

Overath: Miiiiitiiiing ...

Engels: Is et allt widder esu wigg?

Glowacz: Is doch schön, Steff, ... bruche mer nit ärbigge ...

Meier: Äh, ja, Wolfgang ... ich bin ja schon da. Was bewegt dich?

Overath: Wat misch bewäje deit? Wat is dat dann für en Froch, du Westfalen-Tünnes? Ich bin stinksauer, dat dä Mondrajonn ene op Jesus määt und nur Driss verzällt. Vor allem dä soll dä widder ens die Schnüss un leever die Bälle haale, die lebendije Zeitlupe, räsch misch op. Dä bruch ja baal ene Rollator. Da künne mer ja och dä Manglitz widder in et Tor stelle, Mann.

122

Meier: Nun ja, ähh. Die Leistungen aus äähh, ein, zwei Spielen … ähh … waren aber für sein Torwart-Spiel ähhh … nicht … ähh … repräsentativ.

Engels: Präservativ?

Glowacz: Jo, Steff. Wahrscheinlisch, weil dä immer so kerzenjerade im Tor steht …

Meier: Unsinn, … ähh, … ich meine doch nur, weil er … ähhh … ansonsten eben ein äääh … guter Torwart ist.

Glowacz: Un weil der esu jood is, spillt der jetz widder für de Nationalmannschaff von … wie heiß das Land noch ens? Ach ja, … für die Kolumbinen …

Meier: Kolumbien!

Glowacz: Oder da, …

Overath: Dat määt et doch bloss noch schlimmer, da is dä 20 Stunden lang im Fliejer an dä Aasch von dr Welt jefloren … wie soll mer sich da op dä Effzeeh konzentrieren?

Engels: Wieso? Is Düsseldorf esu weit weg? (beginnt zu singen) : „Am Aaasch von dr Welt is Düsseldorf, dat düürste Dorf am Rhing …"

Overath: Steff … hür op mit däm Driss, jank leever ens ene Kranz Kölsch holle. Die Staubpartikel im Bürro trocknen einem brutaal dä Hals us.

Engels: Mach isch … (er beginnt erneut zu singen, diesmal zur Melodie von „Mir schenke dr Aal en paar Blömscher") …
„Mir bruche baal en paar Pünktscher, en paar Püüünktcher für die Lija-Tabell. Mir bruche unbedingt Pünktscher …söns jeht et uns he an et Fell …"

Die anderen schauen ihm – wieder einmal erstaunt – hinterher, schütteln den Kopf oder zucken mit den Schultern. Dann ergreift wieder der Präsident das Wort:

Overath: Mischel, mit dämm Mondra-Jonn bruchste mir janit widder ze komme, da hät jetz Feierabend. Eets die 2 Dinger in Mainz, dann luurt dä jejen Hoffenhausen och nur däm Ball hingerher, die drei Dinger in Freibursch.
Da künne ma ja baal ene Sessel in et Tor stelle, dä ist deutlisch beweschlischer ...

Meier: Nun ja, ... ähhh, Wolfgang. Als Persönlichkeit mit Charakter ist Mondragon nach wie vor ... ähhh, wichtig. Er hat außerdem Charisma ...

Glowacz: Jejen Charisma han isch misch zum Jlück impfen lassen ...

Meier: Das war aber unnötig, Jürgen. Dagegen bist du eh ... ähhh ... resistent.

Overath: ... **RUHE !!!** Wenn dat esu iss, Mischel, ... dann kritt die „Knoll", also dä Hans Schäfer, „die Nas" Löhr un dä „Bulle" Weber tirecktemang ene neue Vertrach! Charakter un Persönlischkeit han die och ...

Meier: Also, Wolfgang ... ich ...

Overath: Un üvverhaupt, wat häste da für Knallchargen jeholt? Der Muräne, wie heiß der noch ens ... äh, ... Juanita ....

Meier: Er ist Rumäne, Wolfgang ... und heißt Ionita.

Overath: Han isch doch jesaat, ... lass misch zu Engk spresche. Der hät ja janix dropp. Im Trääning kütt dä nit ens an dem neuen Jrieschen vorbei, ... und dat will wat heißen.

Glowacz: Ävver dä Kroate, dä Ejalo, ... dä is doch janz joot, nit wahr Wullefjank?

Meier: Jajalo ... Jürgen. Ich denke ... ähh, ich schreibe euch die Namen der neuen Spieler doch noch mal auf ...

Overath: Mer sollten vielleisch leever ens üvver ene neue Träaner spresche, so langsam jeht mir dat op dä Wecker, immer die Kroaten-Schlofmötz in dä Presse in Schutz ze nemme. Weed der noch ens wach op dä Träanerbank? Odder is dä allt duud?

Meier: Also Wolfgang, ... ähh .. ich halte Soldo nach wie vor für einen absoluten ... ähhh ... Fachmann ...

Overath: Dat mach ja sein, ävver sach mir ens, in WELCHEM Fach dä esu joot is? Fußball kann e nit sin ... un lang luur isch mir dat Trauerspill nit mieh an. Wenn mir in Hannover verliere ist dä fott ...
In diesem Moment klingelt das Telefon ... Overath geht ran ...

Overath: Ovverath?

Calmund: Tach, leeve Jung, he is dinge dicke Fründt, dä Reiner Calmund. Wullefjank, wat isch disch fraren wollt: Häste misch vor kurzem im „Spocht-Studio" jesinn?

Overath: Tach Calli, klar han isch disch jesinn ... obwohl, du bis ja fast nit mieh do. Häste allt widder afjenomme?

Calmund: Klar, ... unger dä Zung un am rechte Ohrläppsche. Ävver deswejen roof isch nit aaan. Dä Ede Geyer wor ja och mit mir do. Un jetz pass op, Wullefjank. Dä würd jern mit dir ens schwaade ... falls ihr ene neue Träaner bruche deit.

Overath: Mir han doch schon enene Meier, da bruche mer keine Geyer dazu ... im Ernst, Calli. Dat is ene harte Hungk, dä künnt uns Truppe vielleisch wirklich op de Reih krieje ... wat meinst du?

Calmund: Ävver sischer dat ... do krieje die Jungens ene Stahlhelm op un müsse im Schlamm unger Stacheldroht durchrütsche ... dä Ede hät noch die **NVA**-Methoden dropp, ...

Overath: NVA ??? Dat Militär von denne fröher ...

Calmund: Nee, beim Ede steht dat für „**N**iemals **V**erlierer **a**kzeptieren" . Wer verliere deit, kritt dat „**STASI-Programm"** zu spüre. Dat widderöm steht für „**S**pieler-**T**error-**a**m-**S**portplatz-**I**ntensivprogramm". Danach wünsche sisch alle Spieler ene Erholungsurlaub op Guantanamo ...

Overath: Dat scheint mir für uns Mädchentruppe jenau dä rischtije zu sin ... pass op, Calli, sach dem Ede, mir wären durchaus interessiert, falls dä Soldo dat in Hannover nit op de Reih kritt ... sach ihm ävver och, dat mir kaum Jeld han ...

Calmund: Mach dir kein Sorje, Wullefjank, du kanns dä Ijel in dinger Täsch losse, dä Ede is nit düür. So, jetz muss isch Schluss maache, dat Sylvia steht allt mit ener Schubkarr Flönz nevve mir. Nit dat die mir schimmelisch wääde ... mach et joot, du schmal Hemd ...

KLONK ... Aufgelegt ... Auch Overath legt zufrieden auf und schaut siegessicher in seine Runde:

Overath: So, jetz han mir allt en jünstije Alternative für dä Soldo. Na Mischel? Wat säste dazu? Iss doch ne jute Nachricht ....
Die Tür öffnet sich und Engels erobert, gemeinsam mit einem Kranz Kölsch, die Szenerie.

Engels: **KÖÖÖÖÖÖÖÖÖÖ —LLLLSCH ......**

Glowacz: Ahhh, die juten Nachrichten reissen ja janit ab. Her damit ...

Overath: Eets ens, Pross zesamme ....

ALLE: PROSS, Scheff !!!
Alle prosten sich zu, man hört Gläserklirren, Heiterkeit und allgemeines „Mit-sich-zufrieden-sein". Lediglich der Manager wirkt etwas distanziert ...

Overath: Wat is loss, Mischel? Mir sin doch widder ne jute Schritt wigger jekumme, oder?

Meier: Wenn du meinst. Wolfgang ... ich ... ähh, bin mir nicht so ganz sicher ob ein Eduard Geyer ... ähh, perspektivisch der richtige Trainer ... ähh, für uns sein kann.

Engels: Die Perspektive is doch ejal, Mischel. Die Hauptsach is ...

Alle (außer Meier): ... **et Hätz is joot ...**

Overath: Apropos Hätz ... mer müsse in Hannover Hätz zeije. Isch fah persönlich mit un mache die Mannschaff heiss. Mir müsse morje in Hannover dringend jewinne, he iss ja widder dä Bär loss in Kölle. Poldi-Interview mit dä Spocht-Bild un unsere Torwart määt op Jesus.

Meier: Ja, aber Mondragon bleibt jetzt erst einmal hier und fährt laut Trainer Soldo definitiv nicht mit nach Hannover. Der soll erst einmal den Kopf frei bekommen.

Glowacz: Ävver dä Mondra-Jonn trainiert widder fleissisch. Isch han en ävvens um dä Decksteiner Weiher loofe jesinn.

Engels: Jetzt wo dä Jesus iss, könnt dä doch eijentlisch och **ÜVVER** dä Decksteiner Weiher loofe, odder?

Meier: So ein Unsinn ... also Leute.

Glowacz: Also schad ist dat schon, dat dä Mondra-Jonn jetz in Hannover nit mitspille darf.

Engels: Ja, so ohne himmlischen Beistand ...

Glowacz: Dä künnt die Mannschaft doch vor der Abreise noch se-schnen ...

Meier: Mondragon soll die Mannschaft segnen, also ich fass es nicht ... außerdem ist ... ähhh ... Mondragon NICHT Jesus!

Glowacz: Ävver Parallelen jibt et schon. Jesus war och nie in Hannover ...

Engels: ... ävver och nie in Kölle, Jürjen!

Glowacz: Immerhin hatten mir allt ene Messias! Un dä wohnt sojar noch he in Kölle ...

Overath: Rrrruuuuuhee ... jetz reisch et mir hier, ihr Tütenüggele. Isch will nix mehr von Jesus Mondra-Jonn odder Messias Daum hück hüre. Is dat klar? Mer bruche die Punkte aus Hannover.

Engels: Stimmp, Scheff, ävver wie kriejen mir dat hin?

Overath: (laut) **Hinfahre, op dä Platz jonn, Hannover opfresse, nach Huss fahre ...**

Meier: So funktioniert das? Auf die einfachsten Dinge kommt man oft einfach nicht ...

Overath: Da kannste mal sehen, Mischel! Ävver noch jet anderes. Kaum bin isch en paar Daach fott im Alljäu, is he – trotz enem Jesus – die Hölle loss. Wie kütt datt?

Meier: Tja, also die Außendarstellung sollte vielleicht noch einmal überdacht werden ...

Glowacz: Isch find die Fassade von unserem Jeißbockheim immer noch schöön ...

Engels: ... un überdacht werden könnt doch höchstens noch dä Haupt-Trainingsplatz, damit die Jungs beim Trääning nit immer esu nass werden ...

Meier: Ich muss doch bitten, Steff und Jürgen. Wir sollten die Sache jetzt endlich mal **mit einem gewissen Ernst** besprechen!

Glowacz: Welchem Ernst? Ernst Happel is leider allt duud ...

Engels: ... odder Ernst Middendorp ... is dat dinge Trääner-Kanidat, falls et mim Soldo nut mehr flupp?

Meier: Also ... so langsam fühle ich mich nicht mehr richtig ernst genommen hier ...

Overath: Du heißt ja och Mischel, ... lass disch doch nit verarsche. Mischel!

Glowacz: Vor allem nit beim Preis ... wie bei unserem Rumänen, dä Hanuta, dä wor vill zu düür. Vielleisch sollte mir dä Mondra-Jonn ens frore op dä uss blinde Minsche, sehende maache künnt, ne Mischel?

Meier: FRECHHEIT! Erstens heißt der Mann immer noch Ionita, zweitens war er NICHT zu teuer und drittens ... Ach **Herrgott im Himmel**, wie soll das denn hier bloß mit euch weitergehen?

Overath: (schmunzelt) Roof doch singe Sohn an, dä is ja bei uns im Kader ... sooo, jenuch jelacht. Also Männer: Morjen määt us Mannschaff us däm Stadion von Hannover ene Parkplatz. Isch halt en Red an unsere Junge, da fleje denne die Trikkos vom Liev ... dann weede die Adiletten op Kampfmodus programmiert un denn Hannoveranern zerscheesse mir die Tornetze ... die drei Punkte han mir allt esu joot wie sischer im Sack. Et hät noch immer joot jejange ...

Meier: Und nun ...?

Overath: Ja watt schon, alle Mann an die Theke, dä Siesch feiern ... loss singt die Hymne ...

ALLE: Mir stonn zo dir, Effzeeehh Kööööllllleee ...
Hier brach die Dokumentation ab, leider verlor des FC 2:1 in Hannover, Soldo war seinen Job quitt und nicht Ede Geyer, sondern Frank Schaefer übernahm den Trainerposten. Bald darauf verlor Michael Meier seinen Posten an Volker Finke, Mondragon machte Platz für Michael Rensing und der FC wurde am Ende der Saison Zehnter. Auch dank von drei Siegen unter Volker Finke, der wiederum Schaefer abgelöst hatte. Eine unglaublich harte FC-Saison ging so noch versöhnlich zu Ende!

Abgehört! Overaths letztes Vorstandsmeeting

Von Andreas Howbricks, Thorsten Spritmann

Viele Spieler des 1.FC Köln wurden zu Legenden. Eine der größten Vereinsikonen war und ist sicher Wolfgang Overath, der als Spieler Deutscher Meister, Pokalsieger und Weltmeister wurde. 2004 wurde der geborene Siegburger auch Präsident des 1.FC Köln. Bis zum 13. November 2011 stand er seinem Lieblingsverein vor, bis er in der Mitgliederversammlung für alle völlig überraschend von seinem Amt zurücktrat. Mit ihm traten auch die Vizepräsidenten Friedrich Neukirch und Jürgen Glowacz von ihren Ämtern zurück.

EXZESS liegt ein Protokoll eines letzten Meetings am Vortage vor, wir wollen ihnen dieses nicht vorenthalten. Lesen Sie selbst, was in den Stunden vor dem Rücktritt im Präsidentenbüro alles gesagt wurde.

Overath: ...Miiiitiiing !!!

Glowacz: Wat ene Überaschung, ... klar, Scheff, isch kumm ja allt.

Neukirch: Ja, Wolfgang, bin doch schon am Tisch. Was können wir für dich tun?

Engels: Scheff ... isch bin och do ... wat iss dann loss?

Overath: Morjen, iss Mitjliederversammlung ...

Glowacz: Wissen mir, Scheff ... mir sin und doch allt monatelang dropp am vorbereite. Et is alles jeneralstabstechnisch durchjeplant. Minge Kommunikationsträäner iss och janz zefridde mit mir. Och wenn ich wahrscheinlich morjen ja nix saren muss, wie immer in de letzte Johre …

Engels: Diesmal, Scheff … läuf sischer alle joot. Letztes Johr wor Driss, da hatten mer janz unjlücklisch 4:0 zu Hause jäje Jlattbach verloore … da jov et natürlisch Stress mit de Mitjlieder.

Neukirch: Also, die Vorbereitungen waren in der Tat minutiös. Morgen dürfte nichts schief gehen. Ich werde es mir aber verkneifen „Happy Birthday" zu singen. Das kam voriges Jahr nicht so gut an …

Engels: Wat sings du dann diesmal, Friedrisch … wie wör et dann „Vill Jlück un vill Sejen, op all deinen Wejen" …. Is och en schönes Liedchen …?

Glowacz: So ene Quark, Steff. Isch wör ja eher für „Schön dat du jebooren biss, mir hätten disch sons schwer vermiss …"

Engels: Verpisst?

Glowacz: Sperr dinge Mondörper Lauscher ens op, Steff. Isch han jes …

Overath: Ruuuuuuuuhe … jetz iss et ävver baal joot! Isch han jetz ens jet Wischtijes ze sare … un ihr schwaad üch mööd, wäje irjendwelsche Jebootsdachsleeder. Also …

Glowacz: Habt ihr jehört, wat dä Scheff jesaat hät? Seid ens still, wenn unsere Prässident sing Schtratejie für morjen präsentiere will.

Overath: Lass misch ens zu Wort kommen, Jürjen. Also, wir Drei … dä Friedrisch, dä Jürjen un ISCH, mir han beschlossen, dat mir morjen op dä Mitjliedererversammlung geschlossen zurücktredde dunn …
Schweigen …

Engels: Ähhh, Scheff? Wie meinste dat jetz? Zurücktredde? Also, wenn disch morjen eener für et Schienbein tritt, dann trittst du, dä Jürjen und dä Friedrisch däm zurück für et Schienbein?

Overath: Wie isch schon sachte ... mir han beschlossen, dat mir morjen op dä Mitjliedererversammlung geschlossen **vom Amt** zurücktredde dunn ... jetzt klar?

Glowacz: Ävver klar doch, Scheff. Jeniale Taktik. Ähhh ... ävver ein Sach han isch noch nit verstande, mir han dat jemeinsam beschlosse? Wo wor isch da? Im Delirium?

Engels: Wo liescht dann Delirium? Is dat nit bei Wuppertal?

Neukirch: Hmmm, Wolfgang, ist das jetzt Taktik, oder meinst du das etwa ernst?

Overath: Dat wor ernst jemeint, mir treten zurück! Ich kann nit mieh, isch will och nit mieh. Dat wor et, Schluss, Aus, Feierabend. Sollen se doch dä janze Driss he selvs maache ...

Glowacz: Also Scheff, wenn isch disch nit besser kenne wööd, isch hät jetz fass dä Verdacht, du willst wirklisch zurücktredde. Also .... so rischtisch, ja?

Engels: Wenn mir doch bloss einfall dät, wo dat Delirium iss ... et liescht mir op dr Zung ...

Overath: Dat is mein voller Ernst, Jungs. Et reischt ... isch will nit mieh Prässident vom Effcee sin. Dat wor et, Lückscher ...

Neukirch: Nicht das ich dich in irgendeiner Form kritisieren will, Wolfgang. Aber wir haben uns in den letzten Wochen akribisch auf diese Sitzung vorbereitet, haben in den Tagen viele Interviews gegeben.
Erst gestern hast du gesagt, du willst bis 2013 weitermachen. Wieso hast du deine Meinung geändert?

Overath: Wat jeht misch ming Jeschwätz von jestern aan!

Neukirch: Ja, das hat Konrad Adenauer auch mal gesagt ...

Overath: ... und dä wor bloss Bundeskanzler, dann darf isch dat als FC-Prässident eets rääch ...

Glowacz: Ja, wo du Rääch häss, Wolfjank, häste Rääch ...

Neukirch: Ich will jetzt nicht pedantisch erscheinen, dennoch fände ich es sinnvoll, einen Grund für deine .... unsere Demission zu erfahren.

Overath: Isch will nit mieh!

Engels: Wenn die ussem vierten Schuljahr fröher mit mir Erstklässler Fußball jespillt han, wollt isch dat och nie!

Glowacz: Jemein, die hätten ja och ene Ball dafür nemme könne ...

Engels: Jenau deswejen!

Neukirch: Wolfgang, warum willst du nicht mehr Präsident sein?

Overath: Ach Leute, et macht keinen Spaß mehr ... ständisch muss mer sich für alles rechtfertijen, da jitt et oppositionelle Mitjlieder, uns Jeschäftsführung macht eh wat se will, dä Poldi is fass nit mieh ze halten, uns Jungs verliere öfter als se jewinne ... Schulde han mer bis unger et Dach. Zähl dat alles zesamme ... un dann weißte Bescheid. Et reich, mir han uns lang jenooch de Fott opjerisse ... un wie kriste dat jedankt? Die Presse schriev Quatsch, da jitt ene, dä schriev dauernd Böcher üvver unsere jeheimen Miitings, wer weiß, vielleisch beluusch der uns jetzt och allt widder ... all dat reicht mir einfach. Un außerdem ...

Neukirch: Außerdem ... was?

Overath: Donnerstachs han isch demnächs kein Zick mieh ... han da wischtije berufliche Termine!

Glowacz: Oh, ja dann ... dann wird et tatsächlich schwer, dat Amt aufrecht zu erhaale ...

Overath: Un deswejen is Schluss! Danke für üch Loyalität, Männer.

Engels: Dat is ävver schaad, da komme mir jlatt die Trone ... ach, wat hatten mir en schön Zick he. Wißt ihr noch, als dä jecke Ungernehmensberater do jewääs iss ? *

Glowacz: Ach jaaaa, da hatten mir ävver joot Spaß. Odder als dä Scheff dä Rummenigge beim Poldi-Transfer veraasch hätt? Wat han mer da jelaach ... **

Engels: Odder als mir die Bürroklammer vom Scheff jesöök han, dat wor och jot ... ***

Glowacz: Oder als dä Scheff dä Kloppo quasi schon verpflichtet hatte ... hahahaha ****

Overath: Hürt op, Jungs ... da wird mer ja janz nostalgisch. Un ihr habt Rääch, et wor en schön Zick, ävver irjendwann mööt et ens joot sin. Un mer muss wisse, wann Schluss iss ... und dä Aurenblick, is jenau: JETZT!

Betretenes Schweigen ...

Overath: Jetzt isset ävver baal joot, Jungs. Mir han dä Verein widder nach vürre jebraat, mir spille et vierte Jahr hingernander in dä eetste Lija, mir han Sponsoren jehollt, mir han dä jecke Daum und dä Poldi zurück in de Heimat jeholt, mir könne hoch erhobenen Hauptes vom Platz jonn ... un dat dun mer jetzt och, kein Trone ... sondern Stolz! Esujet kütt dabei erus, wenn mer ene Weltmeister maache läss ...

Glowacz: Rischtisch Scheff!

Overath: Un jetzt, Jungens ... ab an de Thek, mer fiere us sibbe fette Jahre, die mir däm Effceeh jeschenkt han. Isch jebe einen aus ... Kopf huh, Bruss eruss ... un dann mit däm alten FC-Selbstbewusstsein noh vürre jon. Na, wat muss jetzt kumme?

ALLE: Kniet nieder ihr Bauern, der FC ist zu Jast ...

Engels: Haaah, mir iss jerad einjefalle, datt Delirium bei Kassel liescht ...

Overath: Jenau, un jetzt ab an de Thek, ... un loss, singt die Hymne ...

ALLE : „mir schören dir, he op Treu un op Iehr, mir stonn ze dir, FC Kööööllle ... „

Die Herren verlassen den Saal, der Gesang wird leiser, bis er plötzlich ganz verschwindet. Das Präsidentenbüro ist leer und verwaist.
Doch was ist das? Plötzlich hebt sich der Teppich vor Overaths Schreibtisch, er hebt sich komplett in die Höhe und fällt zur Seite. Man erkennt eine geöffnete Falltür ... und man sieht eine Person in komplett schwarzer Kleidung. Sie klettert nach oben und steht plötzlich wie von Geisterhand gesteuert, mitten im verlassenen Büro. Der Unbekannte hält ein Aufzeichnungsgerät in der Hand und schaut sich gedankenverloren im Raum um. Er wirkt irgendwie angeschlagen ... dann hört man ihn noch leise etwas sagen, bevor er sein Aufzeichnungsgerät abschaltet:

Spion: (leise) Maat et joot Jungs, ... et war schön mit üch ... un isch sööke mir jetzt ens ene Dschobb, wo mer kein Lück beluusche muss. Op dä Effceeeh ... un tschüß!

ENDE

* Siehe „Neulich im Geißbockheim Band 1": Seite 97, Ein Unternehmensberater im Geißbockheim / ** Siehe „Neulich im Geißbockheim Band 2": Seite 123, Promille, Prozente und ein Rätsel /   *** Siehe „Neulich im Geißbockheim Band 1": Seite 88, Herrensitzung, Hennes, die Büroklammer und ein Interview / **** Siehe „Neulich im Geißbockheim Band 2": Seite 76, Der Chef will Klopp

Nachwort

Mit der letzten Geschichte fällt nun endgültig der Vorhang im Theater Geißbockheim. Nach dem Rücktritt von Wolfgang Overath erhoffen sich viele Fans und Mitglieder mehr Professionalität und Seriosität. Sicher ist dieser Wunsch nachvollziehbar und auch ich als Autor, aber auch Mitglied und FC-Fan habe die Hoffnung noch lange nicht aufgegeben, wieder meinen 1. FC Köln in den oberen Tabellenregionen zu finden. Auch möchte ich nicht ständig Mannschaften wie Hannover 96 oder Mainz 05 bei ihren internationalen Auftritten neidisch zusehen (bei aller Wertschätzung).

Die „Neulich im Geißbockheim"-Reihe ist durch Zufall entstanden, sie war durchaus Ausdruck von Kritik, ganz sicher. Aber sie war auch eine liebevolle, augenzwinkernde Art der Kritik, die niemals richtig böse gemeint war. Manchmal derb, aber immer irgendwie kölsch. Mein Verleger Frank Steffan hat es schon 2007, in seinem Text zum ersten Buch geschrieben: „Die scheinbar unbegrenzt steigerbare Zuneigung der FC-Fans hängt nicht zuletzt damit zusammen, dass der 1. FC Köln kein technokratisch geführter, eiskalter Investmentfont ist, sondern ein Gebilde aus kantigen Personen, die nun mal ihre Stärken und Schwächen besitzen. Der FC ist menschlich, mithin fehlbar, so wie jeder."

Diese Personen sind nun abgetreten. Es gibt also keinen Grund, weitere Geschichten über sie zu schreiben, denn wenn ich etwas mit meinen Satiren kritisiert habe, dann niemals den Menschen dahinter. Es hat mich gefreut, dass Persönlichkeiten wie Jürgen Glowacz und Michael Meier – und ich meine jetzt wirklich die realen Vorbilder meiner Storys - sich positiv und humorvoll mit meinen Büchern auseinandergesetzt haben.

Aber … man muss abwarten, welche „Typen" die nun freien Posten im Vorstand besetzen und wie sie sich in ihrer neuen Umgebung einfügen. Vielleicht brauchen auch sie etwas „kölsche Kritik". Nicht böse, aber unterhaltsam. Warten wir doch einmal ab, mit wem wir es zu tun bekommen und wie sie sich im Geißbockheim des 1.FC Köln schlagen werden.

Weiterhin sind auch sicher noch nicht alle alten Akten vom EXZESS gesichtet worden. Wer weiß, was sonst noch auftaucht und ob man diesbezüglich auch als Autor noch einmal aktiv werden muss. Es ist alles möglich, nichts muß, aber alles kann.

In diesem Sinne, auf hoffentlich erfolgreiche und fröhliche Zeiten bei unserem

Ralf Friedrichs
November 2011

Edition Steffan

FC – seit 1982 unser Thema